Ingrid Brodnig — ÜBERMACHT IM NETZ

Warum wir für ein gerechtes Internet kämpfen müssen

Ingrid Brodnig

ÜBERMACHT IM NETZ

Warum wir für ein gerechtes Internet
kämpfen müssen

Brandstätter

INHALT

Einleitung

EINE PERSÖNLICHE GESCHICHTE

Die ersten Jahrzehnte meines Lebens waren von der Zuversicht geprägt, dass die Digitalisierung ein zusätzlicher Motor hin zu einer gerechteren, aufgeklärteren Gesellschaft sein würde. Diesen Optimismus habe ich verloren. Ich erkenne: Es ist auch eine andere, eine düstere Variante des Internets möglich. Wir stehen derzeit an einem Scheideweg.

Ich bin im Jahr 1984 geboren – das ist jenes Jahr, in dem Apple seinen legendären Macintosh auf den Markt brachte. Dieser Computer war der erste, der erfolgreich auf die breite Masse der Konsumenten abzielte. Er hatte eine visuelle Oberfläche und eine simple Bedienung – und läutete einen Wandel ein: Zunehmend wurde es üblich, dass Menschen in ihren eigenen vier Wänden einen Computer stehen haben.

Zugegeben: Als neugeborenes Baby bekam ich wenig von dieser technologischen Zeitenwende mit. Aber wenn ich an meine Kindheit und Jugend zurückdenke, fällt mir auf, wie viel Optimismus gegenüber neuer Technik in dieser Zeit vorherrschte. Ich erinnere mich daran, wie ich als Kind zum ersten Mal eine Computermaus mit der Hand steuerte und staunte, wie der Zeiger am Bildschirm exakt meinen Handbewegungen folgte. Die ersten 25 Jahre meines Lebens waren geprägt vom Staunen und von Begeisterung über neue Technologie. Hermann Hesse schrieb einst: „Jedem Anfang wohnt ein Zauber inne." Und genau so fühlte sich die Digitalisierung für mich an: zauberhaft. Ich war lange vor allem hoffnungsvoll, dass die Vernetzung zu einer aufgeklärteren, wohlhabenderen, gerechteren Gesellschaft beitragen würde. Ich war überzeugt, dass wir Menschen das Internet auf eine Weise nutzen werden, die uns alle bereichert.

Nun ja. Ich schreibe dieses Buch, weil ich mir da nicht mehr so sicher bin. In den vergangenen zehn Jahren haben sich die Warnsignale verstärkt, dass das Internet auch auf eine Weise eingesetzt wird, die für unsere Demokratie und für unsere Gesellschaft Gefahren birgt. In diesem Buch werde ich beschreiben, dass wir Bürger oft nicht genug Wahlmöglichkeit im Netz bekommen – dass uns Geräte oder Onlinedienste ausspionieren, ob wir dies wollen oder nicht. Ich werde kritisieren, dass der immense Reichtum, der im Netz angehäuft wird, vor allem an einzelne Großkonzerne fließt – die noch dazu wenig Steuern zahlen. Und ich werde die Fragen beantworten: In welchen Bereichen lassen sich problematische Facetten der Digitalisierung beobachten – und auch: Was können wir dagegen tun? Denn wir können sehr wohl etwas machen.

Für mich ist dieses Buch auch eine persönliche Geschichte. Denn es reflektiert meine eigene Ernüchterung. Es gab in den vergangenen zehn Jahren immer wieder Situationen, in denen ich dachte: Moment, so hatten wir uns das mit dem Internet doch nicht vorgestellt!

Ein Beispiel: Ich berichte seit etlichen Jahren als Journalistin über Digitales und das Wirken großer Internetkonzerne. Im Jahr 2009 fiel mir auf, wie unkontrolliert Facebooks Einfluss geworden ist. Die Plattform, die Mark Zuckerberg gemeinsam mit Kommilitonen gegründet hatte, konnte man schon damals eine Weltmacht nennen. Sie hatte (für damalige Verhältnisse unglaubliche) 350 Millionen Nutzer und war das global erfolgreichste soziale Medium. 350 Millionen, das sind ungefähr so viele Menschen, wie in Brasilien, Deutschland und Italien leben. Und wir wissen heute, dass Facebook noch um ein Vielfaches wachsen sollte.

Ende 2009 entschied sich Facebook überraschend, die Privatsphäre-Einstellungen für seine Nutzer zu ändern. Der Standardmodus war nun so eingestellt, dass man alle Beiträge öffentlich für alle sichtbar postete – zuvor hatten die User standardmäßig privat gepostet. Es gab heftigen Protest. Die Electronic Frontier Foundation, eine wichtige digitale Bürgerrechtsorganisation, schrieb: „Wir sind besorgt, dass die heutigen Änderungen dazu führen werden, dass Nutzer der Welt mehr von sich mitteilen, als sie das jemals beabsichtigt hatten.“[1] Doch Mark Zuckerberg stand zu seinem Schritt. Auf einem Event in San Francisco erklärte er: „Menschen haben sich daran gewöhnt, nicht nur mehr Information auf unterschiedliche Weise zu teilen, sondern das auch offener zu tun und mit mehr Menschen. Diese gesellschaftliche Norm ist einfach etwas, das sich mit der Zeit herausgebildet hat. (…) Und wir haben uns entschieden, dass das jetzt die gesellschaftlichen Normen sind, und haben das umgesetzt.“[2]

Ich würde behaupten, dass dieses Zitat nicht gut alterte. Mittlerweile erklärt Mark Zuckerberg ja ständig, wie wichtig ihm Privatsphäre sei. Aber dieser Vorfall zeigt: Im Jahr 2009 war es Zuckerberg selbst, der es als neue „gesellschaftliche Norm" definierte, öffentlich und nicht privat zu posten.

Was mir daran ganz besonders missfiel: Mit nur einem Eingriff in seine Software konnte Mark Zuckerberg für Hunderte Millionen Menschen entscheiden, was ab nun der Standardmodus der Kommunikation war. Zuckerberg musste dafür niemanden um Erlaubnis fragen, er musste keine Abstimmung abhalten, ob er die Standards für alle User ändern dürfe. Er entschied dies einfach. In diesem Moment wurde für mich deutlich, was für eine ungeheure Macht in den Händen einer einzelnen Person und eines einzelnen Unternehmens liegt.

Es gibt ein noch extremeres Beispiel, das dies verdeutlicht: Als 2018 gewaltvolle Übergriffe auf die muslimische Minderheit in Burma stattfanden, war Facebook eine zentrale Plattform, über die Desinformation über Muslime und Gewaltaufrufe verbreitet wurden. Mark Zuckerberg erzählte in einem Interview mit dem Onlinemedium *Vox* Folgendes: Er sei eines Samstags angerufen und darüber informiert worden, dass über den Facebook-Messenger zu Gewalt in Burma aufgerufen werde. Und dann gab es folgende Regelung: „Wir verhindern, dass diese Meldungen ankommen", sagte Zuckerberg.[3] Das klingt sinnvoll und ehrenwert, dass Facebook Gewaltaufrufe unterband. Aber bedenken Sie, was das heißt: Nicht Staaten, Expertengremien oder Richter entschieden in diesem Fall, welche privaten Nachrichten blockiert werden – diese Entscheidung traf allein Facebook, allen voran Mark Zuckerberg.[4] Zur Verdeutlichung: Was Facebook tut, liegt wirklich in der Hand Zuckerbergs. Denn er kontrolliert rund 60 Prozent der Stimmrechte im börsennotierten Konzern.[5] Ihn kann niemand feuern.

In diesem Buch wird es um solche Machtfragen gehen. Die Hoffnung in der Anfangsphase des Internets war ja, dass es ein demokratisches Instrument sein wird, von dem möglichst viele profitieren. Nun ist es offensichtlich, dass dieser Anspruch gleich auf mehreren Ebenen nicht erfüllt wurde. Wir leben in einer Zeit, in der der digitale Wohlstand sehr ungleich verteilt ist – das reicht von miserabel bezahlten Jobs, die über Plattformen vermittelt werden, bis hin zur Steuerfrage. Wir leben in einer Zeit, in der Milliardenbeträge mit dem Sammeln und Auswerten von Daten umgesetzt werden, und wir Kunden oftmals nur erahnen können, welche Daten über uns gesammelt werden und was genau mit dieser Information passiert. Für uns als Konsumenten, als Steuerzahler, als Wähler, als arbeitende Bevölkerung gibt es einige unbehagliche Facetten der Digitalisierung. Digitale Konzerne sind besonders geschickt darin, vergleichsweise wenig Steuern in Europa zu zahlen. Steuervermeidung wird zu einem immer größeren Problem: So berechneten Ökonomen, dass der EU jedes Jahr 36 Milliarden Euro an Steuergeldern entgehen – das ist Geld, das wir in Schulen, in das Sozialsystem, in Kinderbetreuung, in Forschungsförderung stecken könnten.[6]

Wir müssen uns die Frage stellen, ob das Internet in seiner jetzigen Form und mit den aktuell vorherrschenden Geschäftsmodellen genügend für uns alle abwirft. Lassen wir uns bitte nicht von der glänzenden Oberfläche der Geräte und den cool klingenden Wörtern wie „Disruption", „Gig Economy" oder „Internet der Dinge" blenden: Smartphones, Laptops, Apps, Onlineplattformen – all das sind nett wirkende technische Neuerungen, die den Alltag bequemer machen und beeindruckende Funktionen bieten. Nur: Welche gesellschaftlichen Nebeneffekte haben diese Geräte und welche Schattenseiten hat das Geschäftsmodell des Datensammelns? Und: Welche Auswirkungen hat die jetzige Form der Digitalisierung für unser Arbeitsleben, für unser Steuersystem, für unsere Auswahl als Konsument und unsere Autonomie als Bürger?

Ich habe Orte aufgesucht, wo ich nachdenklich gestimmt wurde. Ich bin in einer großen Lagerhalle Amazons gestanden – dort, wo Mitarbeiter im Eiltempo Waren einsortieren und daneben Roboter bereits einen Teil der Jobs übernehmen. Ich habe mit Juristen, Technikern, Forschern, Konsumentenschützern, Bürgerrechtlern und Internetnutzern gesprochen, die das sehr beunruhigt – und die Änderungen für dringend notwendig halten.

Es ist Zeit, kritischer hinter die schöne Oberfläche unserer digitalen Wirtschaft zu blicken. Nehmen Sie das Silicon Valley selbst. Es wird häufig für seine Innovationskraft, für den Erfolg der dort angesiedelten Unternehmen gelobt. Aber es gibt Entwicklungen in dieser Region, die keineswegs beeindruckend sind. Als ich im Herbst 2018 das Silicon Valley besucht habe – unter anderem die Kleinstadt Mountain View, in der Googles Weltzentrale liegt –, fiel mir die hohe Anzahl von Campingwägen und Kleinbussen am Straßenrand auf. Neben dem Eagle Park, einer schönen Grünanlage, parkten etliche dieser Caravans. In diesen Fahrzeugen leben Menschen. Ich sprach mit Martín, einem mexikanischen Einwanderer, der mit seiner Frau in einem Pick-up-Truck inklusive Campinganhänger wohnt. Martín erzählte mir, dass er zwei Jobs hat – einen in einer Cafeteria und einen in einem Fast-Food-Laden. Obwohl er zwei Jobs hat, kann er es sich nicht leisten, eine Wohnung oder auch nur ein Zimmer zu mieten. Denn die Mietpreise sind im Silicon Valley für viele Arbeiter mit niedrigem Einkommen unleistbar geworden. Die immensen Gehälter der Programmierer und Tech-Manager haben die Lebenskosten und die Mietpreise massiv in die Höhe getrieben, aber der Rest der Einkommen ist nicht im gleichen Maße angestiegen. Mountain View ist eine Stadt, in der Reiche mit ihren Teslas durch die Gegend fahren. Und daneben sieht man Menschen in Campingwägen oder in Zelten neben der Autobahnausfahrt – weil sie sich keine Wohnung mehr leisten können.[7] Im Silicon Valley wird eines deutlich: Selbst größter Reichtum einzelner Digitalunternehmen sorgt nicht automatisch dafür, dass alle Bürger davon profitieren.

Zu Recht können Sie einwenden: Das Silicon Valley ist nicht repräsentativ für den Rest der Welt. Das stimmt – zum Glück haben wir in vielen europäischen Ländern strengere arbeitsrechtliche Auflagen oder einen besseren Mieterschutz. Aber sehr häufig pilgern europäische Politiker oder Medienmacher ins Silicon Valley, um dort etwas zu lernen und mit nach Hause zu bringen. Ich hoffe, sie schauen sich nicht alles dort ab. Ich zumindest sehe im Silicon Valley nicht nur beeindruckende Digitalriesen, ich sehe viele Aspekte, die wir nicht nach Europa importieren sollten. Im Gegenteil: Gerade Europa, wo die Grundrechte massiv geschützt werden und wo manche Länder auch über einen starken Sozialstaat verfügen, sollte stärkeren Einfluss auf die Digitalisierung nehmen – und nach welchen Idealen diese geformt wird.

Für mich zumindest waren die vergangenen zehn Jahre sehr prägend: Denn ich bin zunehmend auf die Schattenseiten der jetzigen Ausgestaltung der Digitalisierung aufmerksam geworden. Und dieses Buch gibt einen Überblick über jene Bereiche, die mir am meisten Sorge bereiten: Etwa die Tatsache, dass Datensammeln und somit auch das Überwachen von Nutzern zum zentralen Geschäftsmodell des Internets wurden.

Im ersten Teil des Buchs werde ich vor allem diese digitalen Geschäftsmodelle und ihre Intransparenz beschreiben. Anschließend gehe ich auf die ungeheure Marktkonzentration ein, durch die einige wenige Technologiekonzerne große Teile der digitalen Welt beherrschen. Im dritten Teil behandle ich gesellschaftliche Fragen – etwa wie sich die Digitalisierung auf den Arbeitsmarkt oder das Steuersystem auswirkt. Daran anschließend beschreibe ich das Problem, dass der Staat mitunter fragwürdige Kooperationen mit Internetriesen eingeht und manchmal achtlos Bürgerdaten herausrückt. Und zum Schluss bringe ich Lösungsvorschläge – auf zwei Ebenen. Einerseits, wie sich jeder Einzelne wehren kann, wie man selbstbestimmt und aufmüpfig als Konsument auftreten kann und wie wir einen kleinen Beitrag leisten können, digitale Grundrechte zu erobern. Denn jeder Bürger hat durchaus eine gewisse Macht! Und andererseits liefere ich Vorschläge, was wir als Gesellschaft als Ganzes tun können, um unser digitales Schicksal selbst in die Hand zu nehmen.

Es geht mir im Grunde um eine simple Frage: Wer gibt die Regeln in unserer vernetzten Welt vor? Ich bin in einiger Hinsicht besorgt, weil ich glaube, dass uns die Digitalisierung als Gesellschaft ein bisschen entglitten ist. Und trotzdem hege ich Hoffnung: Weil in vielen Bereichen Antworten existieren: Zum Beispiel können wir mit der vollen Härte des Wettbewerbsrechts digitale Riesen in die Schranken weisen – solche Maßnahmen reichen bis zur Zerschlagung von Unternehmen. Ebenso können wir neue Transparenzauflagen als Hilfe für Konsumenten schaffen – ich finde zum Beispiel die Idee interessant, dass Webdienste eine Art Beipackzettel publizieren müssen, wie ihre Software funktioniert und welche Nebeneffekte diese haben kann. Es gibt bereits einige Lösungsansätze. Als Gesellschaft haben wir sehr wohl die Möglichkeit zu definieren, auf welche Weise eine neue Technologie genutzt werden soll. Wir können diesen Prozess formen.

Wir befinden uns nun im Jahr 2019 – 35 Jahre nach der Einführung des Macintosh. 35 Jahre nach meiner Geburt. Die ersten Jahrzehnte meines Lebens waren von der Zuversicht geprägt, dass die Digitalisierung ein zusätzlicher Motor hin zu einer gerechteren, aufgeklärteren Gesellschaft sein würde. Diesen Optimismus habe ich verloren. Ich erkenne: Es ist auch eine andere, eine düstere Variante des Internets möglich. Wir stehen derzeit an einem Scheideweg. Aber wir haben gleichzeitig auch die Chance, das Netz zurückzuerobern, aktiv daran zu arbeiten, dass von der Digitalisierung möglichst viele profitieren. Für uns alle ist das ein persönliches Thema, denn die Digitalisierung geht uns alle an. Und es geht bei diesem Prozess um nichts Geringeres als um die Frage, in welcher Zukunft, in welcher Gesellschaft wir künftig leben möchten.

1. ALLES UNTER DER SONNE

Datenübertragung ist ein unsichtbarer Vorgang. Und unsere Geräte sind leider bisher nicht so programmiert, dass sie uns darüber informieren würden, wie viel Information sie im Hintergrund weiterleiten.

Für dieses Buch habe ich mich gefragt: Wie viel kann ein Unternehmen wie Google in nur einem Tag über einen Konsumenten lernen? Nehmen wir an, Sie würden heute zum ersten Mal ein Smartphone mit Googles Betriebssystem Android aktivieren. Was könnte Google über Sie in einem Tag in Erfahrung bringen? Um das zu testen, habe ich mir ein gebrauchtes Android-Handy besorgt, die Daten darauf gelöscht, das Handy auf die Werkseinstellungen zurückgesetzt und mir eine neue SIM-Karte gekauft. Dann habe ich das Smartphone aktiviert, einen neuen Google-Account angelegt und die Standardeinstellungen des Dienstes akzeptiert.

Einen Tag lang nutzte ich das Handy, fuhr damit durch die Stadt, surfte durchs Netz. Und am Ende des Tages schaute ich auf der Webseite[8] von Google nach, welche Werbeinteressen mir der Konzern zuordnete. Binnen eines Tages hatte mir Google 29 Interessen zugeschrieben, mit denen mich Werbekunden ansprechen konnten. Der Suchmaschinenriese ging davon aus, dass ich mich für „Kochen und Rezepte", „Politik", „Haustiere", „Fernsehdramen", „Flugreisen", „Reisen", „Gourmet- und Feinkost", „Unterhaltungselektronik", „Elektrozubehör", „Computerhardware", „Damenbekleidung", „Fahrzeugkauf" interessiere. Das stimmt tatsächlich. In ein paar Fällen lag Google falsch, etwa hielt es mich für einen Fan von „American Football", aber in der überwiegenden Anzahl der Fälle stufte mich die Software richtig ein.

Wie ist es möglich, dass Google in so kurzer Zeit so viele Schlüsse über mich zieht? Die Antwort ist simpel – viele Smartphone-Nutzer hinterlassen eine beeindruckende Menge an Information im Netz. Wie an vielen anderen Tagen hatte ich auf Google nach Rezepten oder nach Produkten gesucht, konkret wollte ich zum Beispiel „batterien aa kaufen". Kein Wunder, dass mich der Konzern rasch den Kategorien „Kochen und Rezepte" oder „Elektrozubehör" zuordnen konnte. Und häufig teilen Nutzer noch viel intimere Details mit der Suchmaschine: Wir googeln, was man gegen den Ausschlag am Hintern tun kann, einige suchen nach einem Partner oder Seitensprung im Web – und viele Menschen googeln Fragen wie: „Soll ich Schluss machen" oder „Wie kann ich abnehmen".

Aber es sind nicht nur die aktiven Anfragen, die wir bewusst eintippen, die einiges über uns aussagen: Es wird standardmäßig auch viel passive Information gespeichert – etwa der exakte Längen- und Breitengrad, an dem sich Ihr Handy befindet. In meinem Test sah ich: Der Standardmodus auf Android-Handys ist, dass solche Ortsdaten eifrig gesammelt werden. Dass Google ein großes Interesse an diesen Daten hat, das zeigt auch eine beeindruckende Untersuchung des amerikanischen Informatikers Douglas C. Schmidt: Er ließ ein Handy mit Googles Betriebssystem im Labor liegen, niemand griff es an, lediglich der Webbrowser Chrome lief im Hintergrund. Dann zeichnete der Forscher die passiven Datenströme auf. Das ist Information, „die im Hintergrund ausgetauscht wird, ohne irgendwelche offensichtlichen Mitteilungen für den Nutzer."[9] Ungefähr neunhundertmal liefen unsichtbare, passive Datenübertragungen an Google ab. Im Schnitt gab das Android-Handy vierzehnmal pro Stunde Google Bescheid, wo es sich gerade befand, also durchschnittlich einmal alle vier Minuten.[10]

Dieses Experiment verdeutlicht: Datenübertragung ist ein unsichtbarer Vorgang. Und unsere Geräte sind leider bisher auch nicht so programmiert, dass sie uns darüber informieren würden, wie viel Information sie im Hintergrund weiterleiten. Douglas Schmidt zeigte auch noch etwas anderes Interessantes auf: Nicht jeder Typ von Smartphone gibt dermaßen viele Ortsdaten weiter. Schmidt testete ebenfalls das iPhone, das im Schnitt nur ein Mal am Tag seinen Aufenthaltsort an Apple kommunizierte.

Den Kern des Problems stellt somit gar nicht die Technik dar. Es wäre absolut möglich, Geräte oder Software zu entwickeln, die möglichst wenig Daten über uns weitergeben, die diskret und verschwiegen sind. Nur baut das Geschäftsmodell einiger Anbieter genau auf dem Gegenteil auf: Von digitalen Riesen bis zu kleinen App-Entwicklern wird häufig damit Gewinn gemacht, die Welt in Daten umwandeln zu können. Denn solche Information lässt sich einerseits verkaufen – an „Data Broker". Das sind Unternehmen, deren Geschäftsmodell es ist, riesige Datenbanken über möglichst jeden Konsumenten zu erstellen und Kunden besser durchleuchtbar zu machen. Andererseits machen die großen Plattformen Facebook und Google nicht ihren Profit damit, die gesammelte Information zu verkaufen – sondern sie horten diese wie einen Schatz und nutzen sie für präzisere Onlinewerbung oder die Entwicklung neuer Dienste. Die verschiedenen Geschäftsideen haben eines gemeinsam: Um zunehmend Geld damit zu machen, müssen auch wir Menschen zunehmend digital erfasst werden.

Dass „alle möglichen Dinge unter der Sonne" in Daten umgewandelt werden, nennt man „Datafication". Geprägt haben den Begriff der Rechtswissenschaftler Viktor Mayer-Schönberger und der Journalist Kenneth Cukier.[11]

In vielerlei Hinsicht bietet Datafication beeindruckende Möglichkeiten: In immer mehr Geräte werden Sensoren und auch Kameras eingebaut, die uns zum Beispiel helfen, technische Probleme frühzeitig zu erkennen. In der Nähe von München entwickelt Siemens Züge, die mit mehr als 260 Sensoren ausgestattet sind. Diese Sensoren messen Temperatur, Geschwindigkeit, Druck, Bremsverhalten in wichtigen Teilen der Lokomotive. Das Ziel ist, mit den Daten vorherzusagen, wann Reparaturen notwendig sind.[12] Es geht also darum, den Ausfall eines Maschinenteils zu erkennen, noch bevor es kaputt wird. Als „Predictive Maintenance", vorausschauende Wartung, bezeichnen Techniker so etwas.

Wichtig sind für solche Analysen nicht nur Daten, sondern auch Algorithmen, die Rückschlüsse daraus ziehen. Kurz zur Erklärung: Ein Algorithmus ist eine Handlungsanleitung zur Lösung eines Problems. Mathematiker lösen seit Jahrhunderten mit Algorithmen Rechenaufgaben – indem sie Schritt für Schritt die Lösungsmethode befolgen. Für uns jedoch ist die moderne Form von Algorithmen interessant: jene in der Informatik. Wenn ein Computer ein Problem lösen soll, tut er dies über einen Algorithmus. Wenn man auf dem eigenen Computer nach der Datei „Katzenfoto003.jpg" sucht, kommt dabei ein Suchalgorithmus zur Anwendung. Dieser geht Dateiname für Dateiname durch und überprüft, ob einer davon mit dem Suchbegriff übereinstimmt. In den vergangenen Jahrzehnten wurden zunehmend komplexere Algorithmen entwickelt, die aus riesigen Datenmengen sogar selbst lernen können. Wenn in Medien oder der Politik vom Feld der „künstlichen Intelligenz" die Rede ist, dann sind derartige Algorithmen gemeint. Bisher ist die künstliche Intelligenz weit von der menschlichen Intelligenz entfernt, kein Computer kann derzeit die Welt so eingehend erfassen wie ein Mensch. Aber moderne Software ist immerhin in dem Sinne intelligent, als dass sie zum Beispiel Gegenstände auf Bildern erkennen kann oder es vermag, Gesichter zu identifizieren.

Diese Mischung aus Datenmacht und potenter Software ermöglicht neue Geschäftsfelder. Massiv in dieses Feld der künstlichen Intelligenz investieren digitale Riesen wie Apple, Google, Amazon, Facebook, natürlich auch Microsoft.[13] Es gibt die Auffassung, dass dies für uns Konsumenten keine gute Entwicklung ist – denn wir sind häufig nur ein passiver Teil des Geschäftsmodells. In vielen Fällen bedeutet Datafication, dass der Mensch in all seinen Facetten zur Datenressource wird. Längst werden nicht nur Züge vermessen, sondern auch wir selbst, wo wir uns mit dem Smartphone in der Tasche hinbegeben oder was wir im Netz anklicken.

Die emeritierte Harvard-Professorin Shoshana Zuboff bezeichnet diese Entwicklungen als „das Zeitalter des Überwachungskapitalismus". Sie hat dazu ihr gleichnamiges Buch verfasst und beschreibt darin, wie menschliche Erfahrung zu einem Rohstoff wurde. Ähnlich wie Rohstoffe aus der Natur wird heute menschliches Verhalten als neue Ressource erfasst und gewinnbringend verwertet. In vielen Fällen werden die „Verhaltensdaten" von Menschen genutzt, also welche Links man angeklickt oder welche Produkte man in seinen virtuellen Warenkorb gelegt hat. Solche Daten werden ausgewertet, um vorherzusagen, worauf man in Zukunft klicken oder welche Waren man kaufen wird. Derartige Vorhersagen dienen dazu, Menschen beispielsweise vor allem jene

Werbung einzublenden, die mit höherer Wahrscheinlichkeit zum Verkaufsabschluss führt.[14] Zuboff meint, das Problem sei nicht die Technik, sondern dass Technik zum jetzigen Zeitpunkt vor allem dafür eingesetzt wird, Menschen auszuspionieren und die daraus gewonnenen Erkenntnisse in ökonomisch verwertbare Geschäftsmodelle umzumünzen. Sie schreibt: „Der Überwachungskapitalismus ist kein Unfall übereifriger Technologen, sondern ein aus dem Ruder gelaufener Kapitalismus (…)".[15]

Das Problem ist also nicht das Internet an sich, sondern dass die treibenden Kräfte der Digitalisierung oftmals Konzerne sind, die genau mit diesem Geschäftsmodell des Überwachungskapitalismus arbeiten.

Es ist wichtig zu verstehen, wie umfassend die Datenauswertung heutzutage geworden ist – wie viel zusätzlicher Nutzen aus harmlos wirkenden Klicks gezogen wird. Ich finde das Beispiel der CAPTCHAs faszinierend. Das sind diese Aufgaben im Internet, mit denen man belegen muss, dass man ein Mensch (und kein Spam-Account) ist. Seit einiger Zeit blendet einem der Google-Dienst reCAPTCHA dafür Bilder ein: Man sieht eine Reihe von Fotos und muss jene identifizieren, auf denen ein Bus oder ein Straßenschild abgebildet sind. Dieser Test dient der Sicherheit, so erkennt die Maschine, dass ein Mensch an der Tastatur oder dem Smartphone sitzt. Gleichzeitig werden diese Klicks von Google aber auch ausgewertet. Auf einer Webseite für Programmierer schreibt das Unternehmen: „Hunderte Millionen von CAPTCHAs werden jeden Tag von Menschen ausgefüllt. reCAPTCHA zieht einen positiven Nutzen aus diesem menschlichen Einsatz (…)".[16] Konkret sammelt Google die Information, auf welchen Bildern Straßenschilder oder Busse zu sehen sind, um damit die eigene Software zu trainieren. Das bedeutet also: Jedes Mal, wenn Sie eines dieser Bildrätsel ausfüllen, helfen Sie Googles Software, klüger zu werden.

Zwei Dinge erscheinen mir daran bemerkenswert. Erstens: Der Überwachungskapitalismus ist doch sehr komplex – uns ist womöglich gar nicht in allen Situationen bewusst, woraus ein

Internetriese wie Google einen Mehrwert ziehen kann. Zweitens: Man kann durchaus sagen, wir arbeiten mit unseren Klicks gratis für Google. Aus Sicht dieses Konzerns ist es clever, wie aus einer Sicherheitsfunktion ein Zusatznutzen gezogen wird. Nur deutet das auf eines hin: Dienste wie Google sind nicht wirklich gratis. Sie argumentieren gern, dass sie „kostenfrei" für Konsumenten wären. Okay, es fließt kein Geld. Aber es fließen sehr viele Daten. Wir müssen Werbung ansehen oder wir müssen Straßenschilder identifizieren, um manche Funktionen nutzen zu können. Wir zahlen also nicht mit Geld, sondern mit Aufmerksamkeit, mit Daten oder mit unserem Wissen. Ich würde das eher als Tauschhandel denn als Gratisangebot beschreiben.

Auch der Skandal um Cambridge Analytica lässt sich als Nebeneffekt des Überwachungskapitalismus einstufen: Wir wissen heute, dass das britische Beratungsunternehmen Cambridge Analytica Facebook-Information von Millionen von Nutzern weltweit abzapfte. Das Ziel war anscheinend, diese Verhaltensdaten zu nutzen, um die Einstellungen und psychologischen Eigenheiten von Menschen auszuwerten. So warb Cambridge Analytica damit, die Persönlichkeitsstruktur von Menschen basierend auf Likes erkennen zu können – etwa daraus schließen zu können, ob ein Mensch eher extrovertiert, aufgeschlossen, pflichtbewusst oder neurotisch ist. Derartige Dienste konnten auch politische Parteien und Privatunternehmen in Anspruch nehmen, um Wähler mit Themen und in einer Tonalität anzusprechen, die zu ihrer Persönlichkeit passen. Der berühmteste Kunde von Cambridge Analytica heißt Donald Trump. Das Unternehmen unterstützte ihn im Präsidentschaftswahlkampf 2016. Es ist durchaus umstritten, ob Cambridge Analytica wirklich so tief in die Seele von Menschen hineinblicken kann. Aber zumindest sieht man hier, dass es Versuche gibt, Wähler basierend auf ihren Klicks einzuordnen.

Noch problematischer war, wie Cambridge Analytica zu diesen Daten kam: Es nutzte eine unbedenklich wirkende App auf Facebook. Konkret war die App ein harmlos scheinender Persönlichkeitstest, den Menschen ausfüllen konnten. Was nicht dazugesagt wurde: Die Daten wurden auch für politische Zwecke eingesetzt. Zu dieser Zeit waren die technischen Vorgaben auf Facebook lax: Die App konnte nicht nur Informationen über ihre Nutzer absaugen, sondern auch über all deren Facebook-Freunde. Bis zu 87 Millionen Menschen weltweit sind womöglich von diesem Datenmissbrauch betroffen, gab Facebook 2018 bekannt.[17] Das Unternehmen betont, dass diese App gegen die Regeln der Plattform verstieß – und dass die technischen Rahmenbedingungen bereits geändert wurden. Nur ist eines wichtig: Ohne Facebooks technische Infrastruktur und die laxen Regelungen wäre Cambridge Analytica nicht an all diese Daten herangekommen. Ohne Facebooks Datenmacht wäre ein solcher Vorfall nicht möglich gewesen. Cambridge Analytica führt vor: Es wirkt oft harmlos, wenn wir bei Seiten auf „Gefällt mir“ klicken oder andere Spuren im Web hinterlassen – nur können wir nicht abschätzen, welche Nebeneffekte diese Handlungen haben, etwa ob die daraus gewonnenen Einblicke für politische Wahlkämpfe genutzt werden.

Dass solche Datenskandale auffliegen, dass immer kritischer über die Geschäftspraktiken im Netz berichtet wird, stellt ein Imageproblem für die großen Digitalkonzerne dar. Unternehmen wie Facebook oder Google betonen nun, dass sie zunehmend auf „Privatsphäre“ setzen, dass sie Apps von Drittanbietern strenger behandeln und Nutzern mehr Möglichkeiten bieten, das Sammeln mancher Daten zu deaktivieren. Das stimmt, die vergangenen Jahre brachten manche Änderungen. Doch eines blieb gleich: das Geschäftsmodell von Google und Facebook. Zwar sprechen diese Unternehmen zunehmend von „privacy“, sie bringen aber zeitgleich eine Reihe neuer Produkte heraus, die Menschen in ihren eigenen vier Wänden digital erfassen. Google bietet nicht nur smarte Lautsprecher namens „Google Home“ an, die permanent darauf warten, dass man mit ihnen redet. In der Produktreihe „Nest“ liefert es außerdem Geräte wie Überwachungskameras, Thermometer, Rauchmelder, Alarmsysteme und ein smartes Display mit Gesichtserkennungsfunktion – die miteinander kommunizieren können. Das ist schon recht interessant: Google betont, es setze auf „Privatsphäre" – nur gemeint ist offensichtlich nicht, dass wir Nutzer aufhören sollen, uns digital erfassen zu lassen. Gemeint ist wohl eher, dass wir einzelne Nachjustierungen beim Datensammeln machen dürfen. Eine wirkliche Kursumkehr lässt sich bisher nicht beobachten. Im Gegenteil: Wir müssen eher damit rechnen, dass das Feld des Überwachungskapitalismus wächst.

Nicht nur die digitalen Riesen unserer Zeit sind an dieser Entwicklung interessiert. Auch andere, einst ganz undigitale Marken wollen in diesem Geschäftsfeld Fuß fassen: Wenn Sie Carsharing nutzen, sollten Sie davon ausgehen, dass Ihr Fahrverhalten überwacht wird. Drive Now, das zu BMW gehört, räumt sich in seinen Geschäftsbedingungen, die Erlaubnis ein „Daten zur Beschleunigung", „Daten zum Fahrmodus", „Daten zu den Bremsvorgängen" und einigem mehr zu sammeln.[18] Autos sind nur einer von unzähligen Gegenständen, in die Sensoren, Kameras, GPS-Tracker und eine Internetverbindung eingebaut werden. Diese Entwicklung wird als „Internet of things", als Internet der Dinge, bezeichnet. Indem diese Geräte ständig Information an ihre Hersteller kommunizieren, steigt natürlich die Anzahl der ökonomisch verwertbaren Daten.

Der nächste Schritt ist, dass nicht nur einzelne Geräte, die wir selbst gekauft haben, über uns Daten erfassen. Der nächste Schritt ist, dass im öffentlichen Raum Sensoren und Kameras eingebaut werden. Zunehmend wollen Metropolen zur „Smart City" werden, von Wien über Barcelona bis nach Singapur. Manche Möglichkeiten einer vernetzten Stadt sind toll: Wenn Sensoren in Echtzeit den Straßenverkehr messen und Software mithilfe dieser Daten die Ampelschaltung kontrolliert, kann dies dazu führen, dass es weniger Stau und weniger Abgase gibt. Auch können zum Beispiel Sensoren in Abfalleimern melden, wann die Müllabfuhr wieder ausrücken sollte. Solche Technologie kann zum Wohle der Bevölkerung eingesetzt werden, nur wirft sie zugleich schwerwiegende Fragen auf: Wer kontrolliert all die Daten, die dabei gesammelt werden? Und wie stellen wir sicher, dass diese nicht missbraucht werden? Hier geht es auch um das Grundrecht auf Privatsphäre: In einer Stadt voller Sensoren und Kameras kann sich der Einzelne nicht mehr aussuchen, ob er erfasst wird. Selbst wer noch immer Smartphones verweigert, wird in einer vernetzten Stadt digital greifbar. Umso wichtiger werden Sicherheitsstandards und eine möglichst starke Anonymisierung der Bewegung im öffentlichen Raum.

Tatsächlich gibt es schon sehr weitreichende Pläne einer smarten Stadt: Toronto plant ein eigenes Viertel, das von vornherein digital gestaltet ist. Nach bisherigem Stand soll das Unternehmen Sidewalk Labs diesen Stadtteil errichten. Sie haben es vielleicht geahnt: Sidewalk Labs gehört zu Alphabet, Googles Mutterkonzern. Das Unternehmen beabsichtigt, dass es zusätzlich zur physischen Ebene der Stadt eine „digitale Ebene" geben soll, die quasi das Geschehen in dem Stadtteil digital erfasst.[19] Das Ganze ist noch äußerst vage – aber es trifft bereits auf heftigen Widerstand einiger Bürger.[20] Auch gab es ein paar Eklats. Im Herbst 2018 trat beispielsweise die Datenschutzexpertin Ann Cavoukian von ihrer Zusammenarbeit mit Sidewalk Labs zurück. Ihr war plötzlich nicht mehr garantiert worden, dass wirklich alle Aufzeichnungen im öffentlichen Raum von Beginn an komplett anonymisiert werden.[21] Sie sagte zu mir, sie sei weiterhin optimistisch, was diesen Stadtteil betrifft. Auch hält sie es für unausweichlich, dass im öffentlichen Raum Daten gesammelt werden. Die Frage sei jedoch, wie das ganz konkret abläuft. Cavoukian sagt: „Wir müssen aufpassen, dass wir keine Smart Citys der Überwachung, sondern Smart Citys der Privatsphäre bauen."

Es mag sich manchmal so anfühlen, als würde ohnehin schon alles digital erfasst. Ich selbst fand es auch recht beeindruckend, wie viele Rückschlüsse Google in nur einem Tag Handykonsum über mich ziehen konnte. Doch Sie können mir glauben: Wir sind erst ganz am Beginn dieser Entwicklung. In den nächsten Jahren wird noch weit mehr digitalisiert – und tatsächlich alles Mögliche unter der Sonne in Daten umgemünzt werden. Aber je mehr solche

Einblicke sogar in unseren Alltag getätigt werden, desto hartnäckiger müssen wir die Machtfrage stellen: Wer profitiert von dieser neuen Logik des Informationsanhäufens? Sind es wir, die Bürger, oder einzelne Unternehmen, konkret: die Überwachungskapitalisten? Und wir müssen dringend die Frage klären: Gibt es eigentlich Orte oder Tätigkeiten, wo wir Bürger definitiv nicht wollen, dass diese als Daten erfasst und ausgewertet werden? Wir müssen also schon darüber sprechen, ob es Grenzen gibt, hinter denen wir die Datafizierung nicht erlauben.

2. WAS WIR ÜBER UNSERE GERÄTE NICHT WISSEN

Im Internet ist eine Informationsasymmetrie zu beobachten: Etliche Anbieter sammeln sehr viel Information über uns, aber wir wissen nur sehr wenig darüber, wofür sie diese genau einsetzen.

Wenn ich Vorträge halte oder an Diskussionsrunden teilnehme, wird mir häufig eine Frage gestellt: Stimmt es, dass Facebook beim Smartphone mitlauscht und diese Information für Werbung verwendet? Das Unternehmen selbst streitet dies ab. „Facebook hört nicht mit", sagt auch eine Sprecherin auf meine Anfrage. Aber diese These kursiert trotz der Dementi – und zwar weltweit. Ständig erzählen mir Menschen dazu passende Anekdoten wie: Sie hätten zum Partner gesagt, sie sollten am Wochenende wandern gehen, und kurz darauf zeigte ihnen Facebook Werbung für Wanderschuhe an. Wie kann das sein?

Weil sich dieses Gerücht so unbeirrt hält, haben Forscher das untersucht. Wissenschaftler der Northeastern University haben in aufwendigen Experimenten 17 000 Apps auf dem Betriebssystem Android analysiert, darunter auch die Apps von Facebook. Sie konnten keine Anzeichen dafür finden, dass das Unternehmen mitlauscht. „Unser Eindruck war eher, dass Facebook ohnehin schon so viele andere Daten hat, dass sie gar nicht mehr das Mikrofon benötigen. Facebook weiß in vielen Fällen, welche Webseiten Menschen aufgerufen haben, was sie auf der Plattform angeklickt haben oder was Menschen mit ähnlichem Nutzungsverhalten angeklickt haben", sagt die IT-Sicherheitsexpertin Martina Lindorfer, eine der Forscherinnen des Projekts und mittlerweile Informatikprofessorin an der Technischen Universität Wien. Wenn man das Gefühl hat, dass Facebook überraschend viel über einen weiß, muss das nicht unbedingt daran liegen, dass das Unternehmen heimlich mithört.

Jedoch fiel den Forschern etwas anderes Unbehagliches auf – das nicht Facebook, sondern andere Apps betrifft: Diese filmten unbemerkt mit oder fertigten Screenshots davon an, wie der User die App bediente. Es scheint, dass solche Daten häufig zur Nutzungsanalyse von Apps eingesetzt werden.[22] „Jedoch ist für den Nutzer gar nicht ersichtlich, dass sein Verhalten gerade aufgezeichnet wird. Es können unbewusst sehr sensible Informationen erfasst werden, etwa wenn man ein Passwort eintippt oder eine persönliche Nachricht formuliert und diese wieder löscht", sagt Martina Lindorfer. Das deutet auf ein tieferliegendes Problem hin. Unsere Geräte sind nicht so designt, dass sie uns darüber informieren, was einzelne Apps im Hintergrund genau tun.

Mich wundert nicht, dass viele Menschen die Sorge haben, Facebook würde über das Handymikro heimlich mitlauschen. Das zeigt vor allem, dass diesen Nutzern bewusst ist, wie wertvoll ihre persönliche Kommunikation ist. Wie gesagt: Es gibt keinen Beleg, dass Facebook Derartiges macht – aber es gibt viele andere gut dokumentierte Probleme. In diesem Kapitel werde ich Beispiele bringen, wie wenig wir Nutzer über die Funktionsweise vieler Dienste wissen und welche Informationen uns vorenthalten werden.

Häufig heißt es, wenn einem gewisse Dienste nicht behagen, solle man sie eben deinstallieren oder nicht nützen. Etwa: Lösche deinen Facebook-Account, wenn du Facebook misstraust! Das Problem ist nur, dass Facebook auch Informationen über Nutzer sammelt, die nie ein Facebook-Profil erstellt haben.

Man spricht hier von „Schattenprofilen" – diese werden offenbar über Menschen angelegt, die nicht Mitglied auf Facebook sind.[23] Wenn Sie die Facebook-App auf einem Smartphone installieren, rät Ihnen die Software, das eigene Telefonbuch an Facebook zu übertragen. Konkret sagt die App: „Facebook ist besser mit Freunden. Lade dein Adressbuch fortlaufend hoch, um zu sehen, wer auf Facebook ist." Wenn man dies ablehnt und auf „Überspringen" klickt, probiert es Facebook ein zweites Mal. Diesmal heißt es: „Bei Facebook dreht sich alles um Freunde. Finde jetzt Freunde, damit du ihre Fotos und Aktualisierungen ansehen kannst."

Man sieht hier sehr deutlich, dass Facebook hartnäckig an die Kontaktdaten seiner Nutzer herankommen will. Allerdings macht die Plattform mehr mit dieser Information, als für den User ersichtlich ist: Lädt man nämlich sein Telefonbuch in der App hoch, dann werden die Telefonnummern der Freunde und Bekannten als Schattenkontaktinformation gesammelt. Die betroffenen Personen haben nie ihre Erlaubnis gegeben, dass Facebook ihre Handynummer abspeichert, und man wird darüber auch nicht informiert.

Noch ein zweiter Aspekt dieser Telefondaten ist interessant: Nehmen wir an, Sie haben zwar ein Facebook-Profil, aber Sie haben absichtlich der Plattform nie Ihre Handynummer mitgeteilt. Streng genommen sollte Facebook also Ihre Nummer nicht kennen. Doch auch hier wird Schatteninformation genutzt. Wenn einer Ihrer Freunde sein Telefonbuch mit Facebook teilt und Sie dort mit Ihrem richtigen Namen eingespeichert hat, ordnet Facebook diese Nummer Ihrem Profil zu.

Wir wissen das dank neugieriger Forscher: Der Informatikprofessor Alan Mislove und seine Kollegen an der Northeastern University konnten nachweisen, dass Facebook auch jene Telefonnummern nutzt, die von Bekannten hochgeladen wurden. Und noch mehr als das! Facebook verwendet diese Telefonnummern offensichtlich für Werbezwecke. Nehmen wir an, ein Schuhhändler hat eine Datenbank von Menschen, die beim Bestellen von Schuhen ihre Handynummer angaben. Er kann diese Daten auf Facebook hochladen und gezielt jene Personen bewerben, von denen auch Facebook die Handynummer hat, auch wenn sie das nicht mal wissen.[24] Diese Funktion heißt „Custom Audiences". Ob ihr Einsatz stets dem strengen europäischen Datenschutz folgt, lässt sich anzweifeln – das Bayerische Landesamt für Datenschutzaufsicht sieht diese Funktion als rechtswidrig, sofern es keine dezidierte Zustimmung der betroffenen Konsumenten gab.[25] Wir wissen jedoch: In der Praxis werden „Custom Audiences" ständig angewendet. Man sollte auch davon ausgehen, dass Parteien solche Instrumente nutzen. Die österreichischen Rechtspopulisten (FPÖ) erklären zum Beispiel auf ihrer Webseite, dass sie „Custom Audiences" einsetzen.[26]

„Facebook ist als Werbeplattform in vielen Fällen so beliebt, weil es weitentwickelte Möglichkeiten der zielgerichteten Werbung bietet. Vor ein paar Jahren konnte ich lediglich sagen, ich will jemanden bewerben, der in Wien lebt und sich für Kunst interessiert. Aber was sich in den Jahren darauf verändert hat, ist: Facebook hat den Werbekunden viel mehr Macht gegeben", sagt Mislove. Die Forscher haben in zehn Ländern ausgewertet, nach welchen Interessen oder Eigenschaften Werbekunden Nutzer gezielt ansprechen können. Sie fanden 1420 Werbeattribute, mit denen Nutzer beworben werden können. Zur Erklärung: Schon seit langer Zeit teilt Facebooks Software jeden Nutzer automatisch in Werbekategorien ein. Die Software analysiert, für welche Personen (auch für welche Politiker) man sich interessieren könnte, ob man „Yoga" oder „Haustiere" interessant findet. Teilweise wird sogar analysiert, mit wem man befreundet ist. Zum Beispiel können Werbekunden nicht nur „Frischverheiratete", sondern auch „Freunde von Frischverheirateten" adressieren. Problematisch daran ist: Während die Werbekunden sehr genau festlegen können, wen sie adressieren wollen, bleibt für die betroffenen Nutzer vieles im Verborgenen. An sich kann man als User auf Facebook nachschauen, warum einem eine Werbung angezeigt wird. Man klickt dafür auf die drei blauen Punkte rechts oberhalb eines Inserats und auf den Menüpunkt „Warum sehe ich diese Werbeanzeige?" Dann erhält man beispielsweise die Information, dass der inserierende Kunde Frauen adressieren wollte, die in Berlin leben und sich für „Haustiere" interessieren. Das klingt transparent – doch Mislove und seine Kollegen fanden heraus, dass Facebook gar nicht alle Werbeattribute auflistet, mittels derer Werbekunden den jeweiligen Nutzer adressieren. „Inkomplett und manchmal irreführend" nennen die Forscher die Transparenz der Facebook-Werbung.[27] Mittlerweile hat Facebook angekündigt, die Information zu verbessern – es muss sich erst zeigen, wie umfassend das Portal künftig seine Nutzer über Werbung informieren wird. Bisher zumindest ist hier Facebooks Transparenz auffällig lückenhaft.

Das führt mich zum letzten Aspekt dieses Kapitels: Anfang 2019 verteidigte Mark Zuckerberg das Geschäftsmodell seines Unternehmens im *Wall Street Journal* mit folgenden Worten: „Ich glaube, dass jeder eine Stimme haben sollte und die Möglichkeit sich zu vernetzen. Wenn wir uns verpflichtet fühlen, jeden zu beliefern, brauchen wir einen Dienst, der für jeden leistbar ist. Am besten können wir das machen, indem wir unser Angebot gratis anbieten, was uns die Werbung ermöglicht. Menschen sagen uns regelmäßig, wenn sie schon Inserate eingeblendet bekommen, wollen sie, dass diese für sie relevant sind."[28]

An dieser Passage sind zwei Behauptungen bemerkenswert: Mark Zuckerberg gelingt es in wenigen Zeilen, es quasi als wohltätigen Akt zu umschreiben, dass Facebook Werbung verkauft. Nur sollten wir bitte bedenken: Facebook ist keine karitative Einrichtung, sondern ein börsennotierter Konzern, der allein im vierten Quartal 2018 16,6 Milliarden Dollar Umsatz mit Werbung machte – und einen Gewinn von 6,9 Milliarden Dollar verbuchte.[29] Das heißt, Facebook verkauft viel mehr Werbung, als für das reine Überleben der Seite notwendig wäre. Personalisierte Werbung ist die Cashcow digitaler Anbieter.

Zweitens halte ich es für eine absurde Vorstellung, dass Menschen angeblich personalisierte Werbung von Facebook einfordern. Sind Internetnutzer wirklich so begeistert von auf sie zugeschnittenen Inseraten, wie Mark Zuckerberg meint? Die aktuelle Forschung wirft daran Zweifel auf. Das renommierte Meinungsforschungsinstitut Pew Research Center befragte Amerikaner. Sieben von zehn Facebook-Nutzern war nicht einmal bewusst, dass Facebook sie als Konsumenten in Interessensgruppen einordnet und danach gezielt bewirbt. Als die Studienteilnehmer darüber informiert worden waren, stellte sich heraus: Jeder Zweite fühlte sich unwohl bei dieser Form der Werbung.[30]

Solche Untersuchungen legen folgenden Verdacht nahe: Je mehr Menschen über die Details der Onlinewerbung Bescheid wissen, desto mulmiger wird vielen von ihnen. Ich habe in diesem Kapitel einige Beispiele geliefert, wo wir zu wenig oder nur bruchstückhaft Information darüber erhalten, was genau unsere Apps oder Geräte im Hintergrund machen. Hier drängt sich der Verdacht auf, dass das kein Zufall ist – sondern dass es für viele Anbieter unbequem wäre, würden sie ihr Geschäftsmodell genauer erklären. Mein Eindruck ist: Viele der derzeit verbreiteten Geschäftsmodelle bauen vor allem auf dem Unwissen ihrer Kunden auf.

Im Internet ist eine Informationsasymmetrie zu beobachten: Etliche Anbieter sammeln sehr viel Information über uns, aber wir wissen nur sehr wenig darüber, wofür sie diese genau einsetzen. Oftmals braucht es unabhängige und hochspezialisierte Wissenschaftler, um zumindest teilweise einen Einblick zu bekommen, was Apps oder andere digitale Dienste machen. Oder etwas plumper formuliert: Wenn Wissen Macht ist und Unwissen der Ohnmacht gleicht, dann ist deutlich erkennbar, wer im Netz heutzutage mächtig und wer leider oftmals ohnmächtig ist. Technisch müsste das nicht so sein, natürlich könnten viele Apps und viele Anbieter wesentlich mehr über ihre Vorgänge verraten und es ihren Benutzern erleichtern, mündige Entscheidungen zu treffen.

3. TÜCKEN DER WAHLFREIHEIT

Die enorme Reichweite einzelner Plattformen führt dazu, dass sie auch enormen Einfluss auf unsere Gesellschaft haben – bis hin zur möglichen Einflussnahme auf Wahlen.

Neulich fiel mir im Auto etwas Ärgerliches auf. Ich schließe beim Fahren mein Smartphone an den Bordcomputer an – und kann so Musik oder Hörbücher abspielen. Eines Tages streikte die Software und ich klickte in den Einstellungen herum, um das Problem zu beheben. Plötzlich fiel mir durch Zufall auf, dass eine Option aktiviert war. Irgendjemand hatte dem Auto erlaubt, dass die App des Bordcomputers Daten an den Hersteller weitergibt – der Teil des Volkswagen-Konzerns ist. Das war mir gar nicht recht. Ich deaktivierte die Datenweitergabe sofort. Bis heute weiß ich nicht, ob der Hersteller das so eingestellt hatte oder ob das die Werkstatt war oder ich durch ein Versehen. Der springende Punkt ist aber: Ich hatte niemals nachgeschaut, welche Funktionen genau aktiviert waren. Ich hatte mich blind darauf verlassen, dass die Standardeinstellungen schon passen werden.

Ökonomen nennen das die menschliche „Trägheit". Nicht nur in der Physik lässt sich die Trägheit von Gegenständen beobachten, auch im Alltag sind wir Menschen insofern träge, als dass wir nicht immer alle Einstellungen der Geräte überprüfen. Anschaulich beschreiben das der Ökonom Richard Thaler und der Rechtswissenschaftler Cass Sunstein in ihrem Buch *Nudge*: „Wenn Sie beispielsweise ein neues Handy bekommen, haben Sie eine Reihe von Wahlmöglichkeiten. Je ausgefallener das Handy, umso mehr Entscheidungen müssen Sie treffen: Welcher Klingelton gefällt mir? Wie oft soll es klingeln, bevor die Mailbox den Anruf übernimmt? Der Hersteller hat für jede dieser Wahlmöglichkeiten eine Standardvoreinstellung vorgenommen. Untersuchungen haben gezeigt, dass viele diese Werkseinstellungen einfach beibehalten, egal, wie sie aussehen. Zwei wichtige Erkenntnisse können wir an dieser Stelle festhalten: Erstens: Man darf niemals die Macht der Trägheit unterschätzen. Zweitens: Diese Macht kann man auch gezielt nutzen. Wenn Unternehmen oder Behörden glauben, dass eine bestimmte Vorgehensweise bessere Ergebnisse verspricht als eine andere, dann können sie die Entscheidung der Menschen dahingehend beeinflussen, indem sie diese Option als Standardvorgabe wählen."[31]

Wer die Standardeinstellungen festlegt, hat also eine gewisse Macht. Die Standard-Settings sind für viele Nutzer die tatsächlichen Settings. Gerade digitale Anbieter wie Google oder Facebook weisen gerne darauf hin, dass sie den Kunden viele Auswahlmöglichkeiten bieten, dass diese auch einige Formen der Datenerfassung deaktivieren können. Jedoch sollte man davon ausgehen, dass diesen Unternehmen sehr bewusst ist, wie viele Kunden niemals die vorgegebenen Settings ändern. Das mag recht desillusioniert klingen – aber in meinen Augen wird es erst dann wirkliche Privatsphäre geben, wenn die Privatsphäre der Standardmodus ist (und nicht etwas, wofür Kunden ihre Einstellungen durchforsten müssen).

In diesem Kapitel werde ich beschreiben, wie sich die Standardeinstellungen von Webseiten und Geräten unvorteilhaft auf den Nutzer auswirken. Im voreingestellten Modus werden oft überraschend viele Daten gesammelt. Wer sich mit der menschlichen Psychologie beschäftigt, den beschleicht der Verdacht: Die Hersteller wissen genau, was sie machen.

Dafür ist folgende Erkenntnis wichtig: Die Betreiber von Onlinediensten haben ungeheure Gestaltungsmacht, welche Auswahlmöglichkeiten uns als User zur Verfügung stehen. Welche Knöpfe eine Webseite bietet, welche Funktionen sie inkludiert, wie das Design der Seite aussieht, welche Begrifflichkeiten die Webseite benutzt, welche Geschäftsbedingungen sie aufsetzt, welche Standardeinstellungen sie einrichtet – all das ist ausschlaggebend dafür, wie wir Konsumenten diese Seite dann benutzen werden. Der Harvard-Rechtsprofessor Lawrence Lessig erkannte schon vor mehr als zehn Jahren, dass der Code einer Webseite mit der Architektur von Gebäuden vergleichbar ist. Die Architektur gibt im physischen Raum vor, wie man ein Haus benutzen kann (hat ein Haus nur Treppen, wird ein Rollstuhlfahrer viele Probleme haben). Und ähnlich ist das bei der Gestaltung von Webseiten, konkret schreibt Lessig in seinem Buch *Code: Version 2.0*: „Der Code, die Software, die Architektur oder die Protokolle geben diese Funktionen vor, die von den Programmierern ausgewählt werden. Manch ein Verhalten hemmen sie, indem sie ein anderes Verhalten möglich machen oder eines unmöglich."[32]

Diese Erkenntnis mag simpel klingen, aber sie ist elementar: Wir Konsumenten sind nicht die Architekten der Webdienste, wir sind meist nur ihre temporären Benutzer. Die Bauherren der digitalen Zeit heißen in den meisten Fällen Google, Facebook, Amazon und so weiter. Und diese Bauherren richten ihre Dienste – wenig überraschend – so ein, dass es gut zu ihren Geschäftszwecken passt.

Ich habe von der Problematik erzählt, dass Facebook seine Nutzer bittet, ihr Telefonbuch hochzuladen – und mit dieser Information Schattenprofile anlegt. Bemerkenswert sind hier auch die Formulierungen der App, die aufpoppen. Facebook bettelt einen regelrecht an, das eigene Adressbuch hochzuladen. Es sagt: „Facebook ist besser mit Freunden."

Solche Pop-ups entstehen nicht durch Zufall: Sie sollen uns in die gewünschte Richtung lenken. Und man sollte davon ausgehen, dass auch psychologische Überlegungen genutzt werden, um Menschen zum Teilen von Information zu bewegen. Zumindest fiel dem US-amerikanischen Rechtswissenschaftler James Grimmelmann schon vor einigen Jahren auf, dass Facebook davon profitiert, an typische menschliche Bedürfnisse zu appellieren.[33] Dass auf der Plattform echte Namen und echte Fotos von Personen benutzt werden, verstärkt den Eindruck eines persönlichen Austausches zwischen Gleichrangigen oder gar Freunden. Facebook sagt nicht: „Bitte lad dein Telefonbuch hoch, weil wir das gerne für Werbezwecke nutzen würden." Es schiebt die eigenen Freunde vor und behauptet: „Bei Facebook dreht sich alles um Freunde."

Dass Facebook so stark betont, Freundschaften zu fördern, ist clever: Denn auch Forschung deutet darauf hin, dass wir Menschen oft nicht kühl oder nutzenbasiert Entscheidungen treffen – häufig spielen soziale Faktoren eine Rolle. Wenn alle Bekannten Facebook beitreten, treten wir auch Facebook bei, auch wenn wir vielleicht sogar Bauchweh dabei haben. Aber in vielen Fällen wollen

Menschen nicht von ihrem Freundeskreis abweichen. Auch spielen sogenannte Heuristiken eine Rolle, wie Menschen auf große Plattformen gelockt werden: Heuristiken sind Faustregeln, mittels derer Menschen Entscheidungen treffen. Wenn viele Menschen vergnügt im Wasser planschen, schließt man daraus, dass das Wasser wohl angenehm warm sein wird. Wenn viele Freunde Facebook beitreten und ihre Daten dort hochladen, schließt man daraus, es wird wohl nichts Schlimmes mit den Daten passieren.

„Wenn wir unschlüssig sind, tun wir meistens das, was die anderen machen", schreibt Grimmelmann.[34] Davon profitieren auch große Plattformen. Je mehr Nutzer dort sind und je mehr Nutzer dort Privates breittreten, desto mehr werden andere motiviert, dies ebenfalls zu tun. Auch Untersuchungen bestätigen die Macht der Masse: So steigt die Bereitschaft, über sich vertrauliche Informationen offenzulegen, messbar an, wenn andere vor einem vertrauliche Informationen offengelegt haben. Darauf deuten Untersuchungen von Alessandro Acquisti, Leslie John und George Loewenstein von der Carnegie Mellon University und der Universität Harvard hin.[35] Psychologen nennen das Herdeneffekte. Das Design mancher Webdienste scheint geradezu prädestiniert dafür, Herdeneffekte zu erzeugen. Man bekommt ständig eingeblendet, was die anderen posteten – vielleicht sollte man auch etwas posten?

Solche Herdeneffekte können sogar politisch relevant sein. Bei den amerikanischen Kongresswahlen im Jahr 2010 unternahmen Wissenschaftler ein interessantes Experiment gemeinsam mit Facebook. Sie versuchten die Wahlbeteiligung zu erhöhen. Sechzig Millionen Menschen, also ungefähr jedem vierten amerikanischen Wahlberechtigten, wurden auf Facebook ein Hinweis am Tag der US-Kongresswahlen eingeblendet. Die Nutzer sahen das Gesicht von Freunden, die angegeben hatten, dass sie schon wählen waren.

Die Folge: Bei jenen Nutzern, die den Wahlhinweis inklusive Gesicht ihrer Freunde sahen, erhöhte sich die Wahrscheinlichkeit für eine Stimmabgabe. Bei diesem Personenkreis stieg die

Wahrscheinlichkeit der Wahlbeteiligung um 0,39 Prozentpunkte. Das klingt nach wenig. Aber allein dieses Experiment hatte zur Folge, dass an diesem Wahltag 340 000 Amerikaner zusätzlich wählen gingen. Die Forscher konnten das deshalb berechnen, weil in den USA öffentlich vermerkt wird, ob ein Bürger zur Wahl ging. Und sie konnten diese Information mit den Daten vergleichen, welchem Nutzer Facebook den Wahlhinweis eingeblendet hatte.[36]

Das ist schon faszinierend: Ein simpler Hinweis auf Freunde konnte die Wahlbeteiligung einer ganzen Nation messbar erhöhen. Sichtbar wird hier die Macht Facebooks – was das Unternehmen Menschen online einblendet, wirkt sich auf ihr Verhalten offline aus, sogar bei Wahlen. Und letztlich wird hier auch das Manipulationspotenzial großer Plattformen deutlich: Stellen Sie sich vor, bei einer wichtigen Wahl blendet Facebook nur den Sympathisanten einer Partei solch einen Hinweis ein – und den anderen nicht. Das könnte zumindest einen minimalen Unterschied machen. Und bei knappen Wahlen können selbst kleine Unterschiede eine große Rolle spielen. Ich glaube gar nicht, dass Facebook solche Methoden anwendet. Aber es ist wichtig, sich bewusst zu sein, was mittlerweile technisch möglich wäre: Die enorme Reichweite einzelner Plattformen führt dazu, dass sie auch enormen Einfluss auf unsere Gesellschaft haben – bis hin zur möglichen Einflussnahme auf Wahlen.

Ich durfte einmal den Amerikaner Roger McNamee interviewen: Er war ein früher Investor Facebooks – und fungierte streckenweise sogar als ein Mentor Mark Zuckerbergs. Berühmt wurde er dann damit, dass er lautstark Facebook kritisierte und früh in den USA die Debatte mitanführte, ob Facebook genug gegen politische Manipulation unternimmt. Dazu schrieb er auch den Bestseller *Zucked* (ein Wortspiel aus Mark Zuckerberg und „Fucked“).[37] McNamee vergleicht all die Daten, die von Unternehmen wie Facebook oder Google über uns gesammelt werden, mit einer digitalen Voodoo-Puppe – einem Abbild von uns, über das wir beeinflussbar seien. „Sie haben eine Voodoo-Puppe von jedem Menschen. Und über diese Daten-Voodoo-Puppe können sie enorme Kontrolle ausüben – weil sie die Oberfläche kontrollieren. Wir sind abhängig von diesen Produkten und sie kontrollieren die Auswahl, die wir zu sehen bekommen."

Die klassische Wissenschaft arbeitet nicht mit ganz so kräftigen Bildern. Aber doch ist eines klar: Man sollte sehr ernst nehmen, welche Optionen und welche Oberfläche uns Plattformen online einblenden. Mit ihren Pop-ups und ihren Standardeinstellungen stupsen sie uns in die von ihnen gewünschte Richtung. Solch subtile Formen der Beeinflussungen nennt man übrigens Nudge, geprägt haben den Begriff der Rechtswissenschaftler Cass Sunstein und der Ökonom Richard Thaler. Ein Nudge ist ein Instrument, mit dem das Verhalten von Menschen in vorhersagbarer Weise verändert werden kann, ohne ihre Auswahl wirklich einzuschränken oder ihnen große ökonomische Anreize zu geben.[38] Simples Beispiel: Wenn eine Schulkantine eher das Obst und andere gesunde Speisen ganz vorne sichtbar in die Vitrine stellt, ist das ein Nudge, der Kinder motivieren soll, mehr Obst zu essen. Auch hier gilt die Überlegung: Man kann Menschen mit dem Standard-Setting beeinflussen – in dem Fall ist das Setting das Arrangement der angebotenen Lebensmittel. Mittlerweile kann man es als Streitthema unter Wissenschaftlern bezeichnen, ab wann ein Nudge kein harmloser Stupser, sondern nichts Geringeres als Manipulation ist. Ein entscheidender Faktor ist wohl: Wird ein Konsument in eine Richtung gestupst, in die er eigentlich gar nicht gehen will?[39] Ein zweiter Kritikpunkt an Nudges ist, dass sie die Illusion aufrechterhalten, der Konsument hätte die Entscheidungsmacht, während die tatsächlichen Rahmenbedingungen dies erschweren. Ich bin zumindest der Ansicht: Wenn uns Software oder Geräte unbemerkt dazu anstupsen, mehr Information über uns zu teilen, als wir eigentlich wollen, ist dies zwar eine sanfte, aber doch eine Form der Manipulation.

Im Netz besteht sogar die Gefahr, dass Nudges noch problematischere Züge annehmen – und es zu sogenannten Hypernudges kommt. Hypernudges sind noch einmal effizientere Stupser, bei denen Nutzer basierend auf ihren Daten in eine gewünschte Richtung gelenkt werden. „Sobald jemand auf etwas klickt, kann diese Information verarbeitet werden, um Vorhersagen zu treffen, worauf die Person sonst noch klicken wird. Das bedeutet, man kann auch die Umgebung oder die Inhalte konfigurieren, die jemandem angezeigt werden“, sagt die Rechtsprofessorin Karen Yeung von der University of Birmingham, die den Begriff erfunden hat. Ein Algorithmus kann in Echtzeit die angebotene Auswahl verändern – und zwar personalisiert auf den einzelnen Konsumenten hin. In der Schulkantine sehen alle Schulkinder dieselbe Auswahl in der Vitrine. In sozialen Medien hingegen sehen wir womöglich eine Auswahl, die nur auf uns zugeschnitten ist. Der große Unterschied zwischen Nudges und Hypernudges ist, dass letztere mit der Macht der Daten arbeiten. Hypernudges sind nach dieser Logik ein Tool der Überwachungskapitalisten: Ein Nutzer bekommt beispielsweise auf ihn zugeschnittene Angebote eingeblendet, weil die Software berechnet hat, dass er eine höhere Wahrscheinlichkeit aufweist, darauf zu klicken.

Ein Feld, auf dem Forscher Hypernudges befürchten, sind zum Beispiel Selbst-Tracking-Apps und dazu passende Geräte. Armbänder wie Fitbit, Apps wie Runkeeper zeichnen die Aktivitäten von Menschen auf. Software wie DrinkLess erfasst, wie viel Alkohol man getrunken hat. Die App Flo zeichnet die eigene Menstruation auf und berechnet, wann man die höchsten Schwangerschaftschancen hat. Natürlich kaufen sich Nutzerinnen und Nutzer derartige Geräte freiwillig oder sie installieren solche Apps aus freien Stücken, aber es ist oft nicht ersichtlich, was diese Programme im Hintergrund tun. Wie das *Wall Street Journal* herausfand, teilte beispielsweise die App Flo die Information über den Eisprungzyklus seiner Nutzerinnen mit Facebook – und zwar auf eine Weise, die potenziell auch für Werbezwecke eingesetzt werden konnte.[40] Ob eine Frau einen Kinderwunsch hat oder ob jemand jeden Abend zu viel Alkohol trinkt, das ist Information, die in manchen Apps minutiös erfasst wird – und die schlimmstenfalls für Hypernudges eingesetzt werden kann. Die niederländische Wissenschaftlerin Marjolein Lanzing, die ihre Dissertation über die Privatsphäre in digitalen Zeiten verfasst, bringt folgendes Szenario: Wenn eine App, die den Alkoholkonsum überwacht, auch Tipps für Kliniken oder Selbsthilfeliteratur für Alkoholiker empfiehlt, stellt sich die Frage: Tut sie das zum Nutzen des Users? Oder gibt es auch finanzielle Motive, welche Produkte empfohlen werden? „Die Nutzer kennen nicht den Algorithmus dahinter und welche Motivation oder Absichten dabei eingeflossen sind", meint Lanzing. Hypernudges verdeutlichen das Problem, dass Software in Kombination mit riesigen Datenmengen zur Vorhersage genutzt wird. Und dass Software uns womöglich umso effektiver in die gewünschte Richtung lenken kann – ohne dass wir diesen Prozess durchblicken.[41]

Manchmal heißt es ja, dass dieser Prozess der Datenerfassung und Datenauswertung nun einmal der Preis dafür sei, dass wir viele praktische Onlinedienste benutzen. Häufig wird das als sogenannter „Trade-off" bezeichnet. Ich habe Marjolein Lanzing gefragt, was sie von dieser Ansicht halte – sie sagt: „Das Wort ‚Trade-off' suggeriert, dass es sich um einen fairen Austausch handelt. Aber wie kann dieser Austausch fair sein, wenn wir gar nicht verstehen, was im Hintergrund passiert?"

Das ist letztlich auch ein wichtiger Unterschied zwischen der Architektur von Gebäuden im physischen Raum und der Architektur von Diensten im Internet: Wie ein Gebäude aufgebaut ist, aus welchen Räumen es besteht, versteht man recht schnell, man kann es angreifen und somit begreifen. Auch macht der Staat sehr viele Vorgaben, welche Auflagen ein Bauprojekt einhalten muss, welche Sicherheitsstandards hier notwendig sind. Online ist das bisher anders: Ein Teil der digitalen Infrastruktur bleibt für uns verborgen, wir können die genaue Funktionsweise vieler Plattformen nur erahnen. Wir tappen vielfach im Dunklen – denn meines Erachtens gibt es bisher zu wenig Bauauflagen und Baukontrollen für unsere digitalen Residenzen.

4. DIE MACHT DER RIESEN

Dass Facebook sowohl Instagram als auch WhatsApp schlucken durfte, halte ich für eine digitale Tragödie. Ich frage mich manchmal: Wie würde das Internet aussehen, hätte Facebook nicht die Konkurrenz absorbieren dürfen?

Die junge niederländische Philosophin Marjolein Lanzing hat mir eine interessante Anekdote erzählt. Sie ist jemand, die für den Erhalt der Privatsphäre eintritt. Sie meidet soziale Medien wie Facebook, Instagram oder Snapchat, weil ihr das Geschäftsmodell des Datensammelns nicht behagt. Sie verwendet Verschlüsselungstechnologie, damit ihre Kommunikation geschützt ist. Als sehr datenschutzsensible Person hat sie versucht, nicht WhatsApp, sondern den besonders sicheren Messengerdienst Signal zu nutzen. Lanzing wollte auch ihre Familie und Mannschaftskolleginnen im Fußballteam dazu bewegen, statt WhatsApp Signal einzusetzen. Ein Teil machte mit. Aber die meisten kommunizierten weiter über WhatsApp, auch alle Vereinsupdates liefen über die WhatsApp-Gruppe. „Ich bekam nur am Rande mit, worüber meine Freunde sprachen. Zweimal stand ich sogar im Regen am Fußballfeld, weil keiner rechtzeitig die Nachricht weiterleitete, dass das Training ausfällt. Ehrlich gesagt: Ich gab daraufhin auf. Es hat mein Sozialleben wirklich negativ beeinflusst, WhatsApp zu boykottieren."

Im ersten Moment mögen solche Anekdoten unspektakulär klingen: Viele von uns kennen jemanden, der sich lange weigerte, einen Dienst wie WhatsApp zu installieren – und dann zähneknirschend klein beigab. In der Theorie ist es einfach, auf manch einen Onlineanbieter zu verzichten. Im Alltag gibt es aber den Druck, die gleichen Dienste und Apps wie unsere Freunde, Familie, Mitschüler oder Bürokollegen zu nutzen. Auch hier spielen Herdeneffekte eine zentrale Rolle. Wobei Ökonomen einen anderen Begriff verwenden – sie sprechen von „Netzwerkeffekten": Je mehr Nutzer ein Dienst hat, desto attraktiver ist er für neue Nutzer. Und für bestehende Nutzer wird es gleichzeitig schwieriger, einen Dienst zu verlassen, wenn dort viele Freunde und Bekannten sind.

Das ist übrigens auch einer der Gründe, warum es neue Herausforderer gegen dominante Plattformen wie Facebook so schwer haben: Längst findet man andere Netzwerke, die das neue Facebook werden wollten, die mehr Datenschutz oder ein freundlicheres Klima versprechen. Sie heißen Diaspora oder Ello und sie vereint, dass sie bisher wenig Erfolg erzielten. Selbst Google gelang es mit Google+ nicht, ein richtiger Herausforderer Facebooks zu werden. Man kann natürlich auf vielen alternativen Netzwerken ein Profil anlegen. Das Problem ist nur: Man ist dann auf diesen Diensten ziemlich allein. Wenn einmal ein Riese wie Facebook den Markt der sozialen Netzwerke oder wenn ein Gigant wie Google den Suchmaschinenmarkt erobert hat, ist es relativ schwer für Jungunternehmen, dort noch Fuß zu fassen.

Besonders deutlich wird die Macht der Plattformen, wenn wir uns die öffentliche Debatte ansehen. Gewiss gibt es große Nachrichtenseiten wie spiegel.de, bild.de, derstandard.at, orf.at, die viele Internetnutzer frequentieren. Aber was die politische Meinungsmache betrifft, ist offensichtlich, wie relevant einige wenige große Portale geworden sind: Ein einziges YouTube-Video mit dem Titel „Die Zerstörung der CDU" schaffte es, über Wochen hinweg – vor und nach der Europawahl 2019 – die deutsche Innenpolitik zu beschäftigen. Es wurde rund 15 Millionen Mal aufgerufen.[42] YouTube ist gerade für viele Teenager und junge Erwachsene zum Leitmedium geworden – die Videoplattform gehört keinem klassischen redaktionellen Medium, sondern dem Suchmaschinenriesen Google. Und als in Österreich Mitte Mai 2019 das „Ibizavideo" publik wurde, das den rechtspopulistischen Parteichef Heinz-Christian Strache zeigt, wie er verdeckte Parteienfinanzierung anspricht, waren soziale Medien mit ein Treiber des Geschehens sowie mit Sicherheit ein Beschleuniger der Debatte. Noch am nächsten Vormittag trat Strache als Vizekanzler Österreichs zurück und kurz darauf wurden Neuwahlen ausgerufen. Gerade in solchen Krisenzeiten wird deutlich, wie sehr bereits digitale Plattformen die politische Debatte prägen: Was ist das weltweit mächtigste journalistische Instrument? Ist es das Schaltpult von CNN, das steuert, welche Bilder aus Krisengebieten zu sehen sind, oder ist es die Webseite der *New York Times*, wo die Recherchen von mehr als tausend Journalisten zusammenfließen? Nein, das mächtigste journalistische Instrument unserer Zeit ist der Facebook-Algorithmus.

Diese Software beeinflusst, was 1,56 Milliarden Menschen jeden Tag an Neuigkeiten sehen.[43] Das heißt: Jeder fünfte Mensch auf dieser Erde ist täglich auf Facebook. Der wesentliche Unterschied zu früher ist die enorme Kontrolle, die in den Händen einiger weniger Unternehmen liegt: Kein TV-Sender hatte jemals so ein großes tägliches Publikum, keine Zeitungsredaktion hatte jemals eine so enorme tägliche Leserschaft wie Facebook.

Gerade nach den Skandalen der vergangenen Jahre betont Facebook, dass es sich zunehmend öffne – zum Beispiel will das Unternehmen ein Oversight Board einrichten, bei dem externe Experten in einzelnen Streitfällen Vorgaben machen sollen, wie Facebook mit problematischen Inhalten, die gepostet werden, umgeht. Dieser Versuch, externe Experten in die Entscheidungsfindung einzubinden, ist ein interessanter Schritt. Wobei sich erst zeigen muss, wie groß das Mitspracherecht des Gremiums tatsächlich sein wird. [44]

Gleichzeitig deutet es auf das Grundproblem einiger einflussreicher Webseiten hin: Viele wichtige politische Debatten unserer Zeit finden in einem öffentlichen Raum statt, der nicht der Allgemeinheit gehört, sondern einzelnen Digitalriesen. Diese Unternehmen haben das Design dieser Webseiten angefertigt, sie programmieren auch die Algorithmen, die entscheiden, welche Neuigkeiten Menschen eingeblendet werden und was sie nicht zu sehen bekommen. Was Milliarden von Menschen über die Welt erfahren, wird von diesen Plattformen zumindest mitgeformt. Natürlich können Internetnutzer auf vielen unterschiedlichen Seiten diskutieren, die Realität ist aber, dass sich ein Großteil der Debatte auf ganz wenige Anbieter fokussiert.

Gerade auf digitalen Märkten lässt sich ein „The winner takes all"-Prinzip beobachten. Dort gibt es einen dominanten Marktführer und weit abgeschlagen dahinter findet man den Rest des Feldes. Googles Suchmaschine hat in Deutschland einen Marktanteil von 95 Prozent, in Österreich 96 Prozent, beziffert das Marktforschungsunternehmen

StatCounter.[45] Über amazon.de wurden allein 2017 rund 8,8 Milliarden Euro Umsatz in Deutschland erzielt – das ist ein Vielfaches von dem, was die Nummer zwei im Onlinehandel (Otto) oder die Nummer drei (Zalando) erwirtschafteten.[46] Übrigens wird auch der Abstand Amazons zum Rest des Feldes mit jedem Jahr größer. Die Riesen wachsen sogar. All das spiegelt sich eklatant in den Zahlen wider. Die Unternehmen, die heute an der Spitze unseres Wirtschaftssystems stehen, sind vollkommen andere als noch vor zehn Jahren. Das verdeutlicht ein berühmt gewordener Vergleich: Gemessen an der Marktkapitalisierung waren am 1. August 2006 folgende Firmen die fünf wertvollsten Unternehmen weltweit:

1.) ExxonMobil
2.) General Electric
3.) Microsoft
4.) Gazprom
5.) Citigroup

Zehn Jahre später, am 1. August 2016, hießen die fünf wertvollsten Unternehmen der Welt:

1.) Apple
2.) Alphabet (Googles Mutterkonzern)
3.) Microsoft
4.) Amazon
5.) Facebook

Der 1. August 2016 war also der Tag, an dem erstmals allein Technologieunternehmen die vorderen fünf Plätze als wertvollste Konzerne der Welt belegten. Das berichtete damals die Nachrichtenagentur *Bloomberg*.[47]

Im Netz lässt sich eine deutliche Dominanz einiger weniger führender Unternehmen erkennen. Man muss aber anmerken, dass wir anscheinend auch generell in einer Zeit zunehmender

Marktkonzentration leben. Das legt eine Untersuchung aus den USA nahe: Die Finanzwissenschaftler Gustavo Grullon, Roni Michaely und Yelena Larkin berechneten, dass in 75 Prozent der US-amerikanischen Wirtschaftssektoren die Marktkonzentration in den vergangenen zwanzig Jahren massiv gestiegen ist. Und in diesen stark konzentrierten Branchen lassen sich auch höhere Preise für die Konsumenten ausmachen. Die Frage ist nun: Wer profitiert von dieser Entwicklung? Anscheinend vor allem die Investoren. Bereits frühere Forschung legt nahe, dass wachsende Profitabilität nicht zu Investitionen in Arbeitskräfte führt. In ihrer Untersuchung konnten die Wissenschaftler nun messen, dass in Branchen mit starker Marktkonzentration die Investoren höhere Aktienrenditen erhalten.[48] Vom fehlenden Wettbewerb scheinen also vor allem Aktionäre zu profitieren – und nicht Mitarbeiter oder Konsumenten. Das führt zur Frage: Beobachten wir hier gerade eine zunehmende Umverteilung von unten nach oben?

Solche Untersuchungen legen zumindest den Schluss nahe, dass es nachteilig für die breite Masse sein kann, wenn immer größere und dominantere Unternehmen entstehen. Deswegen ist es doch recht riskant, allzu gleichgültig gegenüber der Marktmacht digitaler Riesen aufzutreten. Noch dazu lässt sich behaupten: Manch ein Riese ist wahrscheinlich nur deshalb so groß, weil er die Mitbewerber auffressen durfte.

Nehmen wir Facebook: Gewiss ist diese Seite professionell programmiert, schön designt. Mark Zuckerberg hat vor mehr als fünfzehn Jahren ein beeindruckendes Produkt gestartet. Aber Facebooks Erfolgsgeschichte ist auch eine Geschichte des Aufkaufens der Konkurrenz. Zwar profitiert die Plattform von Netzwerkeffekten – doch es gab im Laufe der Zeit ein paar Konkurrenten, die eine ernsthafte Gefahr für den Marktführer hätten werden können. Allem voran waren das Instagram und WhatsApp. Facebook tat etwas – aus seiner Sicht – Intelligentes: Es kaufte Instagram 2012 für eine Milliarde US-Dollar und WhatsApp 2014 für 22 Milliarden US-Dollar.

Auch wenn dies nur wenig bekannt ist, gab es schon 2012 Stimmen, dass die amerikanische Wettbewerbsbehörde FTC diese Akquise verbieten soll. Der Journalist Eric Jackson argumentierte im Wirtschaftsmedium *Forbes*, dass Instagram das Zeug hatte, zum nächsten „King" mobiler Apps heranzuwachsen. Er meinte, dass Facebook hier im Grunde einen gefährlichen Mitbewerber frisst.[49]

Dazu muss man verstehen, dass gerade marktbeherrschende Unternehmen nicht einfach wild auf Shoppingtour gehen dürfen. Peter Thyri, ein Experte auf dem Gebiet des Wettbewerbsrechts, erklärt: „Ein Unternehmen darf aufgrund seiner eigenen Leistung zum Marktführer oder gar zum Monopolisten heranwachsen. Es ist grundsätzlich erlaubt, eine sogenannte marktbeherrschende Stellung einzunehmen. Nur wenn ein Unternehmen einmal marktbeherrschend ist, wird stark darauf geachtet, dass es seine Macht nicht zum Nachteil des übrigen Wettbewerbs und speziell der Konsumenten auslebt." Gerade wenn ein marktbeherrschendes Unternehmen einen kleineren Konkurrenten kaufen will, wird das vorab geprüft. Genau das passierte auch 2014, als Facebook WhatsApp um 22 Milliarden Dollar schlucken wollte.

Als Facebook so viel Geld für den Messengerdienst bot, waren Beobachter weltweit schockiert: Konnte das fünf Jahre alte WhatsApp ernsthaft so viel wert sein? Aber Mark Zuckerberg verfügte über Wissen, über das wir anderen nicht verfügten: Wenige Monate zuvor hatte Facebook Onavo gekauft, ein umstrittenes israelisches Analyseunternehmen, das die Internetnutzung von Smartphones genau untersuchen kann. Dank Onavo wusste Zuckerberg: Das Wachstum von WhatsApp war gewaltig. Im April 2013 hatten zwar noch mehr Amerikaner den Facebook-Messenger auf ihrem iPhone als WhatsApp installiert. Aber schon damals zeigte sich, dass über WhatsApp pro Monat 8,2 Milliarden Nachrichten versendet wurden, über den Facebook-Messenger waren es hingegen nur 3,5 Milliarden. Die Führung Facebooks erahnte vermutlich, wie gefährlich dieses neue Unternehmen werden konnte. Angesichts dieses Wissens scheint der astronomisch hohe Kaufpreis von 22 Milliarden Dollar nicht mehr ganz so astronomisch. Es wurde allerdings erst Jahre nach dem Deal öffentlich, dass Facebook damals so genaue Daten hatte.[50]

Damals prüfte die EU-Kommission diesen Kauf. Auch wenn Facebook ein amerikanischer Konzern ist, können Europas Wettbewerbshüter einschreiten, denn Facebook will ja am europäischen Markt seine Produkte anbieten. Noch dazu spielt die Plattform in der EU eine große Rolle: Vier von zehn Europäern nutzen Facebook.[51]

Die EU-Kommission winkte die Übernahme von WhatsApp durch. Rückblickend wird das von vielen als Fehler erachtet. Auch der renommierte *Economist* geht davon aus, dass heutzutage dieser Kauf verboten werden würde.[52] Aber wir schrieben das Jahr 2014 und es war erst der Anfang dieser Phase, in der sich Wettbewerbsrechtler mit Onlinediensten und deren ungewöhnlichen Geschäftsmodellen intensiv zu beschäftigen begannen. Peter Thyri war beispielsweise einer jener Juristen, die schon früh der Frage nachgingen, inwiefern die Datenmacht eines Unternehmens als zentraler Wettbewerbsvorteil gesehen werden muss.[53]

Neben solchen inhaltlichen Überlegungen gab es aber ein besonders ärgerliches Detail während der Prüfung durch die EU-Kommission: Facebook machte falsche Angaben. Das Unternehmen behauptete gegenüber der EU-Kommission, es gäbe „signifikante technische Schwierigkeiten", die Daten von Facebook und WhatsApp zu verknüpfen und somit zusätzlichen Wert aus den Daten zu ziehen.[54] Wir wissen heute, dass das falsch ist. Denn schon 2016 begann die Plattform damit, Handynummern von WhatsApp in Facebook einzubinden. Deswegen erhielt der Konzern von der EU eine Strafe von 110 Millionen Euro. Laut EU-Kommission hat Facebook „falsche oder irreführende Information" im Wettbewerbsverfahren verbreitet.[55] Das Unternehmen sagt: Diese Fehler passierten nicht absichtlich – man sei bestrebt gewesen, „jederzeit korrekte Informationen zu liefern."

Nun klingen 110 Millionen Euro nach einer saftigen Strafe. Aber bedenken Sie: Was sind 110 Millionen Euro im Vergleich zum

Kaufpreis von 22 Milliarden Dollar? Ein ernsthaftes Problem im Wettbewerbsrecht ist, dass selbst üppig klingende Geldbußen für die digitalen Riesen unserer Zeit problemlos leistbar sind.

Dass Facebook sowohl Instagram als auch WhatsApp schlucken durfte, halte ich für eine digitale Tragödie. Ich frage mich manchmal: Wie würde das Internet aussehen, hätte Facebook nicht die Konkurrenz absorbieren dürfen? Es ist möglich, dass diese Dienste eine ganz andere Innovation vorgelegt hätten – zum Beispiel andere Funktionen oder außergewöhnliche Geschäftsmodelle entwickelt hätten. Einer der Firmengründer von WhatsApp wollte zum Beispiel lieber ein Bezahlmodell für den Messengerdienst verfolgen – aber das habe Facebooks Führung abgelehnt.[56]

Wenn große Unternehmen innovative Jungunternehmen aufsaugen, besteht die Gefahr, dass wir Konsumenten um eine interessante Auswahl ärmer werden. Das ist zumindest die vorherrschende Sichtweise zum Wettbewerb in Europa. Der Staat versucht mit seinem Wettbewerbsrecht, den Kunden in dessen Wahlfreiheit zu schützen. Jedoch gibt es in der amerikanischen Technikszene auch ganz andere Ideen – etwa die Vorstellung, dass Wettbewerb nur etwas für Verlierer sei. Das ist die berühmte Sichtweise des Unternehmers und Finanzinvestors Peter Thiel. Er ist der Ansicht, dass sich Konzerne oftmals im Wettbewerb aufreiben würden. Besser sei es, ein Monopolist zu werden, meint er und bringt als Beispiel Google: „Ein Monopol wie Google ist anders. Es muss sich nicht darum sorgen, mit jedem konkurrieren zu müssen, es hat mehr Freiraum, sich um seine Arbeiter, seine Produkte und seinen Einfluss auf die Welt zu kümmern."[57]

Thiel plädiert gegen Wettbewerb und für Monopole. Er zeichnet ein hübsches Bild vom wohlmeinenden Monopolisten, der – endlich befreit vom nervenaufreibenden Wettbewerb – innovativ sein und positiven Einfluss auf die Gesellschaft nehmen kann. Ich bin skeptisch, ob man dieser Darstellung vertrauen sollte. Wie auch die Studie zum US-Markt zeigte, sind in den vergangenen zwanzig Jahren einige Unternehmen größer und profitabler geworden – aber sie investieren diese Profite nicht in ihre Mitarbeiter, sondern die erwirtschafteten Gewinne fließen stattdessen an Aktionäre.

Ein bedeutender Aspekt ist wohl, dass Thiel einer der wichtigsten Aktionäre Facebooks ist. Er fungiert als Risikokapitalgeber, er war sogar der erste externe Investor bei Facebook. Wenn eines der Unternehmen, in das er investiert hat, zum Quasi-Monopolisten wird, verdient ganz besonders Peter Thiel daran. Thiels Thesen sind umstritten: Er ist ein Libertärer, will die Mitsprache des Staats möglichst vermeiden. Das Internet sieht er anscheinend als eine Möglichkeit, diese Idee des Staates, der Regeln vorgibt, zurückzulassen. Berühmt ist ein Essay von ihm aus dem Jahr 2009, in dem er schrieb: „Ich glaube nicht länger, dass Freiheit und Demokratie miteinander kompatibel sind.“[58]

In der amerikanischen Technikszene finden sich einige Unternehmer mit libertären, staatskritischen Ansichten, aber Thiel ist in seinen extremen Positionen schon eine Nummer für sich. Er hat sogar Donald Trumps Wahlkampf unterstützt – was im Silicon Valley keine mehrheitstaugliche Position ist, weil diese reiche Gegend Kaliforniens als weltoffen und tolerant gilt.

Ich beschreibe das so genau, um einen Kontrast deutlich zu machen: Thiel repräsentiert diese libertäre Idee, dass Unternehmen und nicht der Staat die Rahmenbedingungen im Cyberspace und auch in anderen Sphären vorgeben sollen. Für mich gleicht eine solche Vorstellung einem Albtraum: Der Staat hat auch die Verantwortung, seine Bürger zu beschützen – etwa vor übermächtigen Unternehmen. Die Vorstellung, dass Konzerne online alles selber regeln sollen, dass es keine Transparenzauflagen oder keinen gesetzlich verankerten Konsumentenschutz gibt, halte ich für die eigentliche Dystopie. Gerade die Datenschutzskandale und auch die unsauberen Wahlkämpfe der vergangenen Jahre haben gezeigt, dass manche Unternehmen einen herausragend schlechten Job machen, wenn es darum geht, Räume für einen fairen, demokratischen Meinungsbildungsprozess zu schaffen. Es gibt meines Erachtens also gute Gründe, warum wir den digitalen Markt keinesfalls sich selbst überlassen sollen. Ein strenges Wettbewerbsrecht ist letztlich vor allem ein Schutz der Konsumenten.

Aber zumindest eines weiß ich an Thiels Texten zu schätzen – mir scheint, er ist recht ehrlich: Viele digitale Anbieter wollen nichts Geringeres, als den Weltmarkt zu erobern. In den ersten Jahren schreiben viele Start-ups immense Verluste. Das dürfen sie auch, weil ihre Investoren darauf spekulieren, dass solche Jungunternehmen zum weltweiten Marktführer werden. Und wenn sie dann ein Feld dominieren, können die Geldgeber enorm hohe Renditen kassieren. Bekannt ist, dass Facebooks langjähriges Motto tatsächlich „Move fast and break things" lautete. Also: Beweg dich schnell und mach Dinge kaputt. In der Frühphase des Unternehmens soll Zuckerberg gegenüber dem Team die Devise „Domination!" ausgerufen haben – also den Plan, die ganze Welt zu erobern. Das berichtet zumindest seine frühere Redenschreiberin Kate Losse. Sie erzählt, „für ihn und für uns schien die Idee der ‚Domination' gleichermaßen eine halbernste, halbwitzige Fantasie wie eine felsenfeste Mission zu sein."[59]

Mein Eindruck ist: Auch in den USA kippt gerade die Stimmung gegenüber solchen Dominanzvorstellungen. Zumindest ist auffällig, dass die mediale Debatte über die digitalen Riesen deutlich kritischer geworden ist. So beschreibt das auch der amerikanische Marketingprofessor Scott Galloway, Autor des Bestsellers *The Four*, in dem er den wirtschaftlichen Erfolg von Facebook, Google, Amazon und Apple erklärt. Ich konnte ihn für dieses Buch befragen und er sagte zu mir: „Wir haben eine üble Vergötterung von Erfindern in den USA. Bis vor ein paar Jahren waren die lautesten Debatten rund um große Technologieunternehmen, welcher CEO mehr wie Jesus ist oder als Präsident kandidieren sollte. Wir werden von ihrer Macht und ihrem Einfluss angezogen und haben unser Leben rund um ihre unwiderstehlichen Produkte und Dienste arrangiert. Diese Obsession hat großteils den Weg dafür geebnet, dass große Technologieunternehmen Gesetze brechen und Steuern umgehen konnten, ohne dass etwas passierte. Jedoch: Diese Vorstellung von ‚move fast and break things‘ kommt zu einem Ende.“ All die Datenskandale und Negativmeldungen würden es schwer machen, Regulierung weiterhin zu verhindern. In den USA mehren sich nun sogar Rufe, dominante Unternehmen wie Facebook zu zerschlagen. Nicht nur manche Politiker sagen das: Selbst einer der Mitgründer Facebooks, Chris Hughes, fordert, Facebook in drei getrennte Unternehmen (Facebook, Instagram und WhatsApp) aufzuspalten. Ihm behagt anscheinend vor allem nicht, wie viel Macht in der Hand einer einzelnen Person liegt – seines Studienkollegen und früheren Geschäftspartners Mark Zuckerberg. Wie schon erwähnt, kontrolliert Zuckerberg die Mehrheit der Stimmrechte in seinem börsennotierten Konzern. Das führt dazu, dass sich niemand über seinen Willen hinwegsetzen kann.

In der *New York Times* schrieb Hughes: „Amerika baut auf der Idee auf, dass Macht nicht auf eine Person konzentriert sein soll, weil wir alle fehlbar sind. Deshalb haben die Gründungsväter ein System der gegenseitigen Kontrolle entworfen. Sie mussten gar nicht Facebooks Aufstieg vorhersehen, um die Gefahr zu erkennen, die gewaltige Unternehmen für die Demokratie darstellen.“[60]

Natürlich: Ganz so rasch passiert das im Wettbewerbsrecht nicht, dass man einen Konzern zerschlägt. Dieser Schritt wird häufig eher als Ultima Ratio gesehen – also wenn man davon ausgeht, dass andere Maßnahmen nicht mehr wirken. Aber in Europa und zunehmend auch in den USA läuft es darauf hinaus, dass sich Wettbewerbsbehörden einzelne marktbeherrschende digitale Anbieter immer genauer ansehen. Für die Juristen lautet die Kernfrage: Wo genau verläuft die Grenze zwischen zulässigem Erfolg oder gar unzulässigen, kundenfeindlichen oder wettbewerbsschädlichen Eroberungsstrategien?

„Das Wettbewerbsrecht hat das Problem, dass viele seiner Methoden und Instrumente auf analoge Geschäftsmodelle ausgerichtet sind. Das beginnt bei der Frage, wie bestimmen wir, ob zwei Unternehmen im selben Markt tätig sind. Und es reicht bis zur Unklarheit, welche Sanktionen heutzutage sinnvoll sind“, sagt der

Rechtsanwalt Peter Thyri, der dazu auch wissenschaftlich arbeitet. Mittlerweile ist zumindest klar, dass auch der Wettbewerbsvorteil durch Daten juristisch berücksichtigt werden muss.

Die bisher zuständige EU-Kommissarin Margrethe Vestager erklärte mir einmal im Interview für das Nachrichtenmagazin *profil*, wir müssten verstehen, dass kein Onlinedienst wirklich „gratis" für den Kunden sei: „Es gibt immer eine Art der Bezahlung. Sie zahlen mitunter mit Geld, Sie zahlen mitunter, indem Sie Werbung ansehen. Und manchmal zahlen Sie mit Daten, dann bekommen Sie umso maßgeschneiderte Werbung eingeblendet oder diese Daten werden für eine Kundensegment-Analyse verwendet – über Sie und die Menschen, die Ihnen ähnlich sind. Sie zahlen immer. Die schwierigere Frage ist: Wie viel sind Ihre Daten wert? Das ist schwer zu beziffern. Es gibt hier keinen klaren Wechselkurs, wie viel Ihre persönlichen Daten im Vergleich zum Euro wert sind."[61]

Vestager hat bereits drei Mal Marktführer Google hohe Strafen aufgebrummt – mehr als acht Milliarden Euro insgesamt.[62] Mal ging es um das Handy-Betriebssystem Android, mal um die Details der Suchmaschine, mal um Abmachungen mit Werbepartnern. All diesen Verfahren ist gemein, dass die EU-Kommission zum Schluss kam, Google habe seine Macht am Markt ausgenutzt, um die eigene Vorrangstellung abzusichern. Und genau das darf ein marktbeherrschendes Unternehmen nicht. Google bekämpft diese Entscheidungen übrigens juristisch.

Auch in Deutschland tut sich gerade viel: Das deutsche Bundeskartellamt hat eine bemerkenswerte Entscheidung gegen Facebook vorgelegt, in der es sinngemäß erklärt, Facebook nutzt seine Marktmacht aus, um von Nutzern eine allzu weitreichende Erlaubnis zum Datensammeln einzufordern. Das ist eine beeindruckende Erkenntnis, weil sie nahelegt: User klicken womöglich mit Bauchweh auf „OK" und erlauben das Datensammeln – weil sie das Gefühl haben, sie haben wenig Wahl. Und das ist aus wettbewerbsrechtlicher Sicht durchaus ein Problem.

Wobei das Facebook selbst anders darstellt. Gegenüber dem deutschen Bundeskartellamt stritt Facebook ab, eine dominante Stellung am Markt sozialer Netzwerke zu haben. Das Unternehmen meinte sogar, es sei nicht am Markt für soziale Netzwerke tätig, sondern am „Markt für Aufmerksamkeit".[63] „Das ist aus juristischer Sicht eine eher fantasievolle Marktdefinition. Nach dieser Logik könnte auch ein marktbeherrschender Bierproduzent erklären, er sei nicht am Biermarkt, sondern am Markt für Flüssigkeiten jeglicher Art aktiv", sagt Thyri. Selbst die Rechtsanwälte großer digitaler Unternehmen bringen also zum Teil eher, sagen wir, kreative Argumente vor. Das deutsche Bundeskartellamt ist davon wenig beeindruckt: Es sieht Facebook als marktbeherrschend an – und es sieht die Notwendigkeit, den Kunden vor der Macht Facebooks in Schutz zu nehmen. Auch diese Entscheidung bekämpft Facebook juristisch.

Ich könnte nun noch einige andere Verfahren zitieren oder weitere strittige Details des Wettbewerbsrechts beleuchten. Aber das ist, glaube ich, gar nicht notwendig: Sie erahnen bereits, dass das Kartellrecht eines der heftigsten Streitfelder der kommenden Jahre sein wird. In dieser juristischen Arena werden einige Machtfragen entschieden werden – die uns als einzelne Nutzer direkt betreffen, etwa wie viel Auswahl es am Markt geben muss. Nur möchte ich zum Schluss ein Beispiel bringen, wie auch kleine Händler, ganz durchschnittliche Geschäftstreibende, von dieser Thematik erfasst sind. Sowohl in Deutschland, Österreich als auch in der EU untersuchen Wettbewerbsbehörden bereits Amazon. Der Vorwurf einiger Händler lautet, dass Amazon seine Vormachtstellung ausnutzt.

Zur Erklärung: Amazon agiert auf seiner Webseite sowohl als Plattform als auch als Händler. Das Unternehmen verkauft selbst Produkte und ebenso können andere Händler ihre Waren dort feilbieten. Viele kleine Geschäfte oder Marken nutzen diese Möglichkeit, neben ihrem eigenen Webshop auch auf Amazon Waren zu verkaufen – wofür sie eine Kommission zahlen. Einige Händler werfen Amazon nun vor, dass die Plattform ihre Daten erfasst und gegen sie verwendet. „Amazon weiß von jedem Händler, wie gut sich welches Produkt verkauft. Man muss geradezu hoffen, dass sich ein Produkt nicht zu gut verkauft – denn sonst kann es passieren, dass Amazon selbst diese Ware in sein Programm aufnimmt. Und plötzlich gehört die beste Geschäftsquelle eines Händlers Amazon", sagt Rainer Will, Chef des Handelsverbands Österreichs, der hierzu eine kartellrechtliche Beschwerde einbrachte.

Immer wieder tauchen derartige Vorwürfe auf – ein Beispiel: Etliche Jahre lang verkaufte der Hersteller Rain Design einen schicken Laptop-Halter um rund 40 US-Dollar auf der Plattform. Das Produkt war top bewertet, sehr nachgefragt. Plötzlich hatte Amazon einen vergleichbaren Laptop-Halter im Sortiment – für den halben Preis und in einem recht ähnlichen Design.[64] Amazon dementiert derartige Praktiken. Ein Sprecher erklärte mir: „Wir verwenden die Daten einzelner Verkäufer nicht, um zu entscheiden, welche Eigenmarkenprodukte wir entwickeln und anbieten wollen." Derartige Daten würden nur zur Unterstützung der Händler oder etwa zum Verbessern und zum Schutz des Einkaufserlebnisses von Kunden verwendet.

Es ist sehr wahrscheinlich, dass europäische Wettbewerbshüter klären werden, was an diesen Vorwürfen dran ist – ob Amazon seine Datenmacht wirklich zulasten der kleineren Händler ausnutzt. Ganz eindeutig sehen sich viele Anbieter derzeit in einer schwachen Position und fühlen sich dem Unternehmen ausgeliefert: Mit jedem Jahr wird Amazon mächtiger am Markt, und mit jedem Jahr wird es schwieriger, nicht auf der Plattform vertreten zu sein.

Ich habe das so genau beschrieben, um zwei Dinge klar zu machen: Erstens: Für uns Konsumenten ist es ein Nachteil, wenn es plötzlich kaum noch Wettbewerb in einzelnen Feldern gibt – die Gefahr besteht, dass es an Auswahl und an guten Angeboten fehlt, dass man womöglich zähneknirschend auf „OK" klickt und enormes Datensammeln erlaubt, weil man das Gefühl hat, es gibt keine wirkliche Alternative zu einem Anbieter. Auch besteht der Verdacht, dass von einer hohen Marktkonzentration vor allem Aktionäre profitieren

– nicht unbedingt Mitarbeiter oder die Kunden. Zweitens halte ich es für einen Mythos, dass einige digitale Riesen rein aufgrund ihrer Genialität und dem ständigen Gespür für Innovation so mächtig sind. In einigen Fällen haben sie zweifelhafte Methoden gegenüber dem Wettbewerb eingesetzt und ambitionierte Start-ups einfach gekauft. Es ist nicht wirklich innovativ, zu wachsen, indem man die Konkurrenz schluckt. Dieses Problem des mangelnden Wettbewerbs wird nicht der einzelne Bürger ganz allein lösen. Der einzelne User kann natürlich manche Anbieter boykottieren oder sehr bewusst überlegen, welche Apps er unterstützen und welche er meiden will. Solche individuellen Aktionen sind sinnvoll – auch um zum Beispiel die eigene Privatsphäre zu schützen. Aber die insgesamt sichtbare Schieflage am Markt werden wir letztlich nur beseitigen können, indem wir uns gemeinsam als Gesellschaft wehren – und den neuen Riesen unserer Zeit auf Augenhöhe entgegentreten.

5. ANGST UM DIE ARBEIT

Es ist eine reale Gefahr, dass Technik auf eine Weise eingesetzt wird, mit der der Druck auf die ärmsten Schichten vergrößert wird – anstatt den Wohlstand auf möglichst viele zu verteilen. Das ist wohlgemerkt keine Frage der Technik, sondern ihres Verwendungszwecks.

Ich war in einem dieser riesigen Versandlager Amazons – und das Interessante ist: Große Teile des Lagers sollen gar nicht mehr von Menschen betreten werden. Dort, wo die Waren gelagert werden, ist das Reich der Roboter. Gelbe Maschinen aus Plastik rollen über den Boden, sie erinnern an überdimensionierte Staubsaugerroboter. Sie rauschen den Raum entlang, drehen sich um die eigene Achse. Oft führen diese Maschinen große gelbe Regale mit sich. Darin sind alle möglichen Waren einsortiert: Erkältungsbäder, Videospiele, Sachbücher, Süßstoff. In den neueren Lagern Amazons übernimmt der Mensch nur noch einen begrenzten Teil der Aufgaben: Die Maschine transportiert zum Beispiel vollgepackte Regale an den Rand des Lagers, dort dürfen dann Mitarbeiter stehen und die bestellten Waren herauspicken. Anschließend führt das Gerät das Regal wieder weg.

Ich konnte dies in Frankenthal in der Pfalz beobachten, hier im Südwesten Deutschlands befindet sich eines der neuesten Lager Amazons. Während in den älteren Lagern noch Menschen durch die Gänge laufen und Waren holen, sind hier Roboter unterwegs. Mehrere hundert Roboter neben rund 2000 Menschen. Bestellt jemand auf amazon.de zum Beispiel ein Erkältungsbad, kann es sein, dass kurz darauf in Frankenthal eine dieser orangen Maschinen anspringt und das entsprechende Regal holt. Ein Mitarbeiter steht am Rande des Lagers, ergreift das Erkältungsbad aus dem Fach des Regals, scannt es, legt es auf ein Förderband. Das Produkt fährt automatisch vom Lagerraum in den oberen Stockwerken hinunter zur Verpackungsstation im Erdgeschoss. Dort packen Menschen im Eiltempo die Ware ein. Noch. Im Mai 2019 wurde bekannt, dass Amazon anscheinend auch Maschinen entwickelt hat, die Pakete selbst verpacken können.[65]

Aus Sicht Amazons ist das clever: All jene Schritte, die die Maschine mittlerweile übernehmen kann, werden dieser überlassen. Ein einzelner oranger Roboter kann bis zu 340 Kilogramm Last schleppen – eine Maschine jammert nicht und sie kriegt keine Rückenschmerzen. Die Amazon-Roboter haben auch keine Gewerkschaft, die auf Zulagen für schwere körperliche Arbeit pocht. Was die heutigen Maschinen aber bisher nicht so gut können, ist, Dinge aus Regalen zu ergreifen oder diese rasch einzusortieren. Speziell wenn mit vielen unterschiedlich geformten Artikeln hantiert werden muss, sind die Roboter überfordert. Allerdings arbeitet Amazon an immer neuen Systemen, die Teile der Handgriffe von menschlichem Personal ersetzen.

Amazon ist der Inbegriff eines Unternehmens, das Arbeit zunehmend digitalisiert. Das reicht bis zur Idee, eines Tages Drohnen die Pakete ausliefern zu lassen. Aber auch sonst lässt sich die Geschichte Amazons als Geschichte der Automatisierung erzählen: Im Jahr 1994 gab Jeff Bezos seinen Job bei einer New Yorker Investmentbank auf. Er hatte gelesen, dass die Webnutzung jedes Jahr um 2300 Prozent wächst.[66] Daraufhin entwickelte er den Plan, Dinge online zu verkaufen – am Anfang waren es nur Bücher. Um Kunden Bücher zu empfehlen, hatte Amazon sogar ein eigenes redaktionelles Team: Diese Mitarbeiter schrieben liebevolle Einkaufsvorschläge und Beschreibungen von Romanen. Doch zunehmend sollte Software ihren Job übernehmen. Amazons Programmierer hatten die Idee, dass der Computer basierend auf Daten und dem Kaufverhalten von Menschen Produktempfehlungen generiert. So entstand die berühmte Funktion: „Kunden, die diesen Artikel gekauft haben, kauften auch …“. Es stellte sich heraus: Software ist relativ gut darin, Kunden Produkte zu empfehlen. Schließlich stellte Amazon sein redaktionelles Team ein. Die Mitarbeiter verloren den Job oder mussten die Abteilung wechseln.[67]

Und das war nur der Anfang: Im Laufe der Jahre wurden Algorithmen – also Software – bei Amazon noch viel wichtiger. Früher entschieden vor allem Menschen, wie viel von welchen Produkten bestellt wird oder welcher Preis dafür angemessen ist. Doch auch in diesem Bereich begann Amazon, solche Kalkulationen der Software zu überlassen. Die Mitarbeiter der betroffenen Abteilungen sind sogar angewiesen, nur in gut begründbaren Ausnahmefällen in die Entscheidungen der Software einzugreifen, berichtet das Wirtschaftsmedium *Bloomberg*.[68] Dass Amazon so stark auf

Technik setzt, führt dazu, dass dieser Konzern mit relativ wenig Personal auskommt. Vielsagend ist der Vergleich mit traditionellen Händlern. Der Ökonom Scott Galloway hat Amazons Kennzahlen im Jahr 2016 mit den Zahlen der Kaufhauskette Macy's verglichen, die in ihren Läden und im Internet Kleidung verkauft. In seinem Buch *The Four* schreibt er: „Nimmt man die Anzahl Menschen, die Amazon braucht, um eine Million Dollar Umsatz zu bewältigen, und vergleicht man sie mit der Anzahl Menschen, die Macy's dafür brauchen würde – denn Macy's ist ein guter Anhaltspunkt für die Produktivität im Einzelhandel (...) –, dann kann man mit Fug und Recht sagen, dass Amazons Wachstum in diesem Jahr 76.000 Arbeitsplätze im Einzelhandel vernichten wird."[69]

Amazon widerspricht solchen Kritikpunkten. Geht es um fehlende Arbeitsplätze, sagt das Unternehmen, dass es mittlerweile weltweit 600 000 Menschen angestellt hat. Auf meine Anfrage betont der Konzern, dass auch kleinere Händler über Amazon Waren verkaufen – und somit weitere Jobs entstehen.

Nur ist eines schon offensichtlich: Amazon arbeitet an Technologie, die einige klassische Jobs im Handel ersetzen soll. Ganz besonders deutlich wird das auf der California Street in San Francisco. Dort findet man einen sogenannten „Amazon Go"-Laden, ein kleines Lebensmittelgeschäft, in dem man Softdrinks, Sandwiches, Menüs zum Selberkochen kaufen kann. Ich war dort und muss sagen, von außen wirkt dieser Laden unspektakulär. Aber wenn man näher hinsieht, fällt auf: Es gibt keine Supermarktkasse. Die Bezahlung passiert automatisch: Die Kunden müssen sich beim Eingang über eine Smartphone-App identifizieren. Man legt das Handy auf ein Glasdisplay und ein Schranken geht auf. Ab nun weiß Amazon, dass man sich im Geschäft befindet. Im gesamten Raum beobachten einen Videokameras, die Regale sind mit Gewichtssensoren ausgestattet.[70] Statt an der Kasse zu zahlen, verlässt man einfach kommentarlos den Laden. Eine Software kalkuliert, was jeder Einzelne mitgenommen hat. Das System funktioniert – ich habe zum Beispiel Knabberzeug und Getränke eingepackt. Der Computer hat richtig erkannt, welche Waren ich ausgewählt habe. Und das, obwohl ich unterschiedliche Produkte aus den Regalen genommen, angesehen, zurückgestellt habe. Der gesamte Bezahlvorgang passiert automatisiert, Amazon sendet einem einfach die Rechnung via E-Mail – und nennt seine Läden ohne Supermarktkasse „die weltweit fortschrittlichste Einkaufs-Technologie".[71] Für Kunden ist das tatsächlich praktisch, nicht anstehen zu müssen. Für Supermarktkassierer jedoch muss diese Technologie unbehaglich sein. Bisher gibt es weltweit nur eine Handvoll Amazon-Go-Läden, aber diese Geschäfte zeigen, dass Videokameras, Sensoren und Software zum Teil menschliches Personal ersetzen können. Und für uns als Gesellschaft stellt sich auch die Frage: Wenn Jobs im Handel, wo sehr viele Menschen beschäftigt sind, potenziell verloren gehen, wo sollen diese Menschen beruflich unterkommen?

Dieses Thema scheint viele Bürger zu verunsichern. Jeder zweite Europäer fürchtet eine Zukunft einigermaßen oder sehr, in der Roboter den Großteil der menschlichen Arbeit verrichten. Das zeigt eine Befragung von mehr als 2500 Europäern, die das spanische Center for the Governance of Change 2019 durchführte.[72]

Warum löst die Automatisierung gerade jetzt so viel Angst aus? Zu Recht kann man einwenden, dass in der Industrie viele Tätigkeiten schon seit Langem roboterisiert sind. Jedoch kommen aktuell weitere Fortschritte auf dem Feld der künstlichen Intelligenz hinzu. Bisher gibt es zwar keine sogenannte „starke künstliche Intelligenz", also keine Maschine, die gleich intelligent oder sogar intelligenter als der Mensch ist (und nach jetzigem Forschungsstand sind wir auch weit davon entfernt). Was Algorithmen heute aber gut können, ist, gewisse konkret definierte Aufgaben zu erledigen. Die Datafication, also das massive Sammeln von Daten, sowie die gestiegene Rechenleistung moderner Computer haben beeindruckende Fortschritte ermöglicht. Sie erinnern sich vielleicht an das Beispiel von reCAPTCHA, bei dem Google Internetnutzer Millionen von Fotos anklicken lässt – und die User müssen darauf Busse oder Straßenschilder erkennen. Mit dieser Information lernt Googles Software dazu. Es gibt die These, dass Googles Mutterkonzern Alphabet diese Bilddaten für die Entwicklung selbstfahrender Autos benutzt. Das würde zumindest erklären, warum wir ständig Straßenschilder oder Fahrzeuge identifizieren müssen. Aber hierbei handelt es sich nur um eine These – es gibt keinen Beleg dafür, dass Google diese Daten für diesen Zweck verwendet.[73] Denn auch in diesem Fall wissen wir nicht so genau, was Google mit den gesammelten Bildinformationen anstellt – welchen Mehrwert das Unternehmen daraus zieht. Offensichtlich ist zumindest, dass Alphabet zielstrebig an selbstfahrenden Autos arbeitet – die dafür zuständige Tochterfirma heißt Waymo. Im Jahr 2018 konnten Waymos selbstfahrende Autos rund 18 000 Kilometer zurücklegen, ehe ein Mensch bei den Tests eingreifen musste, weil das Auto etwas falsch gemacht hat.[74] Die Fortschritte im Bereich der künstlichen Intelligenz bewirken, dass autonome Autos möglich werden. Wenn man Taxi-, Lkw- oder Busfahrer ist, sind solche Technologien wohl beängstigend.

Wie viel Grund zur Sorge haben wir? Interessanterweise ist das ziemlich unklar. Wissenschaftler versuchen, in Zahlen abzuschätzen, wie viele Jobs wirklich von Robotern oder künstlicher Intelligenz übernommen werden können. Jedoch bringen unterschiedliche Studien sehr unterschiedliche Prognosen hervor. Forscher der Universität Oxford berechneten zum Beispiel, dass 47 Prozent der amerikanischen Jobs gefährdet sind.[75] Die OECD wiederum kalkuliert, dass 14 Prozent der Jobs in OECD-Ländern stark automatisierbar sind, weiteren 32 Prozent stünden signifikante Veränderungen bevor.[76] Warum sind diese Prognosen so unterschiedlich? Sehen wir uns diese Studien einmal etwas genauer an.

Die Forscher Carl Frey und Michael Osborne von der Universität Oxford lieferten schon 2013 die Prognose, dass 47 Prozent der US-amerikanischen Gesamtbeschäftigung automatisierbar sind. Sie sagten nicht, bis wann das möglich ist, aber sie gingen jedenfalls von einem hohen Grad der Automatisierbarkeit aus. Um zu einer solchen Schätzung zu kommen, haben die beiden Forscher Experten aus dem Feld der künstlichen Intelligenz befragt. Diese Wissenschaftler sollten bei Dutzenden Berufen einschätzen: Kann ein Computer mit genügend Daten diesen Job durchführen?[77] Gerade monotone, repetitive Vorgänge sind leicht automatisierbar, allerdings sehen die Forscher schon noch Schwachstellen moderner Technik.

„Es gibt im Wesentlichen drei grobe Vorgänge, die nicht so leicht automatisierbar sind", sagte Carl Frey zu mir. „Der erste betrifft komplexe soziale Interaktionen. Im zweiten Bereich geht es um Kreativität. Und im dritten um komplexe Aufgaben der Handhabung und Wahrnehmung von Objekten." Einfacher ausgedrückt: Wenn eine Tätigkeit sehr kreativ ist, wenn es im Kern um eine feinfühlige Interaktion mit Menschen geht oder wenn man mit sehr unterschiedlich geformten Gegenständen hantieren muss, dann kann die Maschine in den meisten Fällen nicht mit dem Menschen mithalten. Es gibt also Berufsfelder, in denen man sich eher nicht – oder zumindest nicht vor der Maschine – fürchten muss.

Wie schon erwähnt, geht die OECD davon aus, dass nur 14 Prozent der Jobs automatisierbar sind. Diese Forscher kommen auf eine viel niedrigere Zahl, weil sie eine stärkere Differenzierung vornehmen: Frey und Osborne haben jeweils für ein ganzes Berufsfeld kalkuliert, ob es automatisierbar ist oder nicht. Die OECD vertritt die Ansicht, dass man das nicht für ganze Berufsgruppen pauschal sagen sollte. Sie argumentiert, dass in verschiedenen Berufsgruppen auch ganz unterschiedliche Aufgabenbereiche zu finden sind. Nehmen wir den Journalismus: Schon jetzt gibt es Software, die basierend auf den Daten eines Fußballmatches einen kurzen Spielbericht verfassen kann. Nur ist das nicht die anspruchsvollste Aufgabe im Journalismus. Wollen Sie hingegen ein Doping-Komplott im Profisport aufdecken, gibt es dafür bisher keinen Algorithmus, der diese Recherche übernehmen könnte. An diesem Beispiel wird deutlich: In manchen Berufsfeldern gibt es Tätigkeitsbereiche, die leichter automatisierbar sind, und jene, die nicht so rasch eine Maschine übernehmen können wird.

Je mehr Studien ich zu dieser Thematik lese, desto mehr erhärtet sich mein Eindruck, dass wir einfach nicht wissen, wie viele

Jobs durch Maschinen ersetzbar werden. Im Grunde versuchen Wissenschaftler hier die nahe Zukunft vorherzusagen – doch vieles lässt sich nur erahnen. Unbekannt ist, welche neuen Jobs entstehen werden. Offensichtlich ist zumindest, dass moderne Technik das Potenzial hat, einen Teil der Berufe zu ersetzen. Ich muss aber sagen: Womöglich beschäftigen wir uns zu sehr mit Fragen, deren Antwort wir nicht wirklich finden werden. Und zu wenig mit realen Problemen, die bereits am Arbeitsmarkt auftreten. Denn es geht ja nicht nur um die Frage, wie viele Jobs wegfallen. Ebenso relevant ist der Aspekt: Sind die Jobs, die bleiben oder die neu entstehen, noch gut genug bezahlt und bieten sie gute Arbeitsbedingungen?

Ich habe mit Carl Frey gesprochen, jenem Forscher aus Oxford, der von einem hohen Automatisierungspotenzial ausgeht. Von ihm wollte ich wissen, ob er Massenarbeitslosigkeit fürchtet. Seine Antwort lautete: „Ich glaube nicht, dass wir Massenarbeitslosigkeit haben werden. Mir scheint, dass die Auswirkung des technologischen Wandels auf zwei unterschiedliche Weisen sichtbar werden kann: entweder in Form wachsender Arbeitslosigkeit. Oder in Form von sinkenden Löhnen. Und ich glaube, wir sehen eher das Letztere."

Der Ökonom sieht also weniger die Gefahr, dass der Arbeitsmarkt wegbricht, als dass er sich für einen Teil der Bevölkerung verschlechtert. Er bezieht sich dabei auf eine Entwicklung, die schon seit Jahrzehnten beobachtet werden kann: Der Anteil der Beschäftigten in der Industrie ist gesunken, das ist insofern ungünstig, als dass die Industrie ein Sektor mit guten Sätzen und klar definierten Nachtzuschlägen, Überstundenregelungen etc. ist. Gleichzeitig stieg der Anteil der Beschäftigten im Dienstleistungssektor massiv an – wo manche Jobs ziemlich schlecht bezahlt sind. Einige digitale Geschäftsmodelle haben das Potenzial, diesen Trend noch zu verschärfen.

Wenn man sich Sorgen macht, inwieweit die Automatisierung den allgemeinen Wohlstand in der Bevölkerung beeinflusst, wird häufig ein historischer Vergleich gebracht. Es heißt: Man braucht keine Angst vor der Digitalisierung haben, weil auch schon frühere industrielle Revolutionen auf lange Sicht mehr Reichtum für die gesamte Gesellschaft brachten. Die Argumentation lautet: Bessere Technik führt zu höherer Produktivität und diese vergrößert den Reichtum. Das stimmt schon – nur blendet eine solche Kurzfassung der Geschichte aus, dass Wohlstand nicht automatisch an alle fließt. Gerade die Geschichte zeigt: Eine höhere Bezahlung oder mehr Rechte am Arbeitsplatz mussten Arbeiter schrittweise erkämpfen. Ganz zu Beginn der industriellen Revolution gab es keine Gewerkschaften, keine Vierzig-Stunden-Woche, kein modernes Arbeitsrecht. Wir sollten nicht vergessen, dass unsere heutige Vorstellung eines fairen Arbeitsverhältnisses die Folge eines sehr langen, zähen gesellschaftlichen Prozesses war.

Der historische Wandel unseres Arbeitslebens beschäftigt auch Carl Frey, der sich in seinem Buch *The Technology Trap* mit der Industrialisierung auseinandersetzt. Er sagte: „Auf lange Sicht führte die industrielle Revolution zu enormem Wohlstand, aber auf lange Sicht kann man auch sagen, dass wir alle irgendwann tot sind. Von den Menschen, die inmitten der industriellen Revolution lebten, erlebten viele nicht, dass ihr Lebensstandard höher wurde. Da kann man durchaus Parallelen zu heute ziehen. Derzeit findet nicht nochmal exakt dasselbe wie in der industriellen Revolution statt, aber es gibt Gruppen am Arbeitsmarkt, deren Einkommen gesunken ist aufgrund der Globalisierung und auch der Roboterisierung. Ich glaube, einige soziale Unzufriedenheit, die wir heute sehen, baut darauf auf. Menschen werden skeptischer gegenüber der Globalisierung, gegenüber der Automatisierung. Und ich glaube nicht, dass wir davon ausgehen können, dass die Einstellung gegenüber technologischem Wandel positiv bleibt, wenn Menschen nicht daran glauben, dass die Automatisierung zu höheren Löhnen führt."

Aufgrund solcher Überlegungen halte ich es für zu simpel, die Diskussion über den zunehmend digitalen Arbeitsmarkt rein auf die Anzahl der bestehenden Jobs zu fokussieren. Die Frage ist überdies: Welche Qualität haben Arbeitsplätze der Zukunft – oder auch der Gegenwart?

Ich habe in diesem Kapitel anfangs Amazon als Beispiel gebracht, wo Roboter neben Menschen in den Lagerhallen arbeiten. Bemerkenswert ist nicht nur, wie viel Technik bei Amazon zum Einsatz kommt, sondern auch, welche Arbeitsbedingungen für das menschliche Personal herrschen. Weltweit berichten Amazon-Lagerarbeiter davon, dass sie im Eiltempo arbeiten, dass sie beispielsweise 250 Waren pro Stunde einsortieren müssen.[78] Laut diesen Schilderungen bedeutet das, ohne jegliche Pause alle 15 Sekunden einen Gegenstand gescannt und einsortiert zu haben. Die deutsche Gewerkschaft ver.di wirft Amazon vor, mittels den Handscannern, die die Lagerarbeiter mit sich führen, ihre Geschwindigkeit beim Einsortieren zu überwachen. Amazon dementiert, dass es die Daten des Handscanners hierfür nutzt. Auch gibt es enormen Streit in Deutschland über die Art der Verträge: Amazon zahlt keinen Tarifvertrag, weder jenen des Handels noch jenen der Logistikbranche. Das Unternehmen betont, dass es ein fairer und verantwortungsvoller Arbeitgeber sei, der mit den eigenen Betriebsräten zusammenarbeite. Gleichzeitig lehnt es Amazon ab, in direkte Verhandlungen mit der Gewerkschaft zu gehen.

Auch in Österreich gibt es mittlerweile heftige Kritik der Gewerkschaft. Im Herbst 2018 sperrte das erste Verteilzentrum im Umland von Wien auf. Die zuständige Gewerkschaft GPA-djp kritisiert ebenfalls, dass die Handscanner genutzt würden, um Mitarbeiter und ihre Arbeitsgeschwindigkeit präzise zu überwachen.[79] Amazon dementiert auch die in Österreich geäußerten Kritikpunkte. Ich würde es so zusammenfassen: Es ist schon auffällig, in wie vielen Ländern Amazons Arbeitsbedingungen für alarmierende Berichte sorgen und bis hin zu Streiks führen. Und gerade in Ländern mit hohem arbeitsrechtlichem Schutz und starker Gewerkschaft sorgt Amazon für Empörung. Es ist durchaus ein Affront, mit der eigens dafür etablierten Interessensvertretung von Arbeitnehmern – den Gewerkschaften – partout nicht zu reden. Die Realität in den Lagern

Amazons zeigt jedenfalls: Uns sollte nicht nur interessieren, wie viele Roboter in einigen Betrieben zum Einsatz kommen, sondern auch, wie es den Menschen geht, die neben diesen Robotern arbeiten.

Wenn die Digitalisierung Wohlstand für möglichst viele Menschen bringen soll, dann müssen wir dringend über die Arbeitsbedingungen und die Bezahlungen der Jobs in der Digitalbranche sprechen. Doch hier sehe ich drei problematische Entwicklungen: Erstens, dass es zu einer größeren Polarisierung in gute und schlechte Jobs kommt – dass in manchen Unternehmen Programmierer Irrsinnssummen verdienen, andere Teile des Personals aber vergleichsweise mickrige Löhne und harte Arbeitsbedingungen erleben. Zweitens lässt sich eine Rückkehr des Taylorismus beobachten, bei dem Mitarbeiter mehr denn je vermessen werden, bei dem Überwachung und Zeitdruck Teil des Arbeitsalltags werden. Und drittens besteht die Gefahr, dass mittels schicker Apps und schön klingender Worthülsen wie beispielsweise „Gig Economy" oder „Crowdworking" sogar das bestehende Arbeitsrecht ausgehebelt wird – und eine Art „digitales Lumpenproletariat" entsteht. Aus Sicht der arbeitenden Bevölkerung lassen sich hier bereits unbehagliche Trends erkennen, die ich im Folgenden etwas näher beschreiben werde. Und zum Schluss dieses Kapitels gehe ich darauf ein, dass es nicht so sein muss, sondern dass Digitalisierung auch Chancen für uns Berufstätige bedeutet. Aber schauen wir uns zuerst die harte Realität in einigen Bereichen an.

Dazu eine Anekdote: Als ich zuletzt in San Francisco war, besuchte ich auch ein Burger-Lokal namens Creator. In der Stadt gibt es viele Restaurants, aber vor diesem bildeten die Menschen mittags sogar eine Schlange. Das Lokal macht Schlagzeilen damit, dass dort kein Mensch das Fleischlaibchen brät, sondern eine Maschine. Der Roboter ist so groß wie ein Schrank und seine Außenwände bestehen aus Glas. Man kann ins Innere der Maschine blicken und dabei zusehen, wie das Brot ein Laufband entlangfährt und schrittweise mit geschnittenen Zwiebeln, Tomaten, Saucen belegt wird. In das Gerät ist ein Grill eingebaut, auf dem das Fleisch zubereitet wird.

Der Prozess schaut stylish aus – und am Ende kommt ein essbarer Burger heraus. 8,51 Dollar habe ich für ein solches Gericht bezahlt, für San Francisco ist das günstig. Ich muss sagen: Wenn man nicht wüsste, dass eine Maschine den Burger herausgebraten hat, man würde das nicht vermuten. Natürlich kommt Creator nicht ohne menschliches Personal aus, in der Küche bereiten Mitarbeiter die Pommes zu, an der Theke überreicht ein Mensch das Essen. Aber das Kernprodukt brät wirklich der Roboter.

Auf seiner Webseite wirbt der Lokalbetreiber damit, dass er – wohl wegen der günstigen Herstellung – mehr Geld für hochwertige Zutaten ausgeben kann. Und nebenbei behauptet das Restaurant, es ginge darum, den „Zugang zu kulinarischen Techniken zu demokratisieren".[80] Diese Formulierung erscheint mir ziemlich skurril. Es ist schließlich nicht so, als wären Burger bisher in den USA ein elitäres Produkt gewesen. Amerikanische Medien betonen in ihrer Berichterstattung über den Burger-Roboter gerne, er könnte eine Lösung für das Problem der Personalknappheit in San Francisco darstellen. Denn der Reichtum der Technologiebranche strahlt vom Silicon Valley bis nach San Francisco aus, wo viele Programmierer und Manager der IT-Anbieter wohnen. Mit ihren hohen Gehältern können sie oft unglaubliche Mieten zahlen – der Preis für Wohnraum schoss in die Höhe. Wer nicht in so hochdotierten Jobs arbeitet, kann sich die eigenen vier Wände kaum leisten – das betrifft auch die Mittelschicht.[81] Und es ist schon gar nicht einfach, günstiges Personal für niedrig qualifizierte Jobs zu finden, wie beispielsweise Burgerbraten. „Roboter dringen in das kulinarisch ausgerichtete San Francisco vor, versprechen niedrige Preise, gutes Essen und billige Arbeit", schreibt die Zeitung *USA Today* nach einem Besuch bei Creator.[82] Mir erscheinen derartige Gastronomie-Roboter geradezu zynisch: Anstatt die Einkommen im Niedriglohnsektor zu heben, damit Menschen von ihrer Arbeit leben können, werden Roboter gebaut, die 0 Euro Stundenlohn beziehen. Es ist eine reale Gefahr, dass Technik auf eine Weise eingesetzt wird, mit der der Druck auf die ärmsten Schichten vergrößert wird – anstatt den Wohlstand auf möglichst viele zu verteilen. Das ist wohlgemerkt keine Frage der Technik, sondern ihres Verwendungszwecks.

Wenn Sie von San Francisco ungefähr eine Stunde mit dem Auto fahren, kommen Sie zu kleineren Städten wie Mountain View, Palo Alto, San José. Das ist die Gegend, wo Unternehmen wie Google oder Facebook ihren Hauptsitz haben – vielleicht erinnern Sie sich: Eingangs habe ich erzählt, wie ich dort den mexikanischen Einwanderer Martín traf, der in seinem Wagen mit Campinganhänger wohnt. In dieser Region sieht man viele Campinganhänger oder Zelte, die auf grünen Flecken aufgestellt sind. Menschen leben darin, die sich von ihrem Lohn keine Wohnung leisten können. „Häufig heißt es, die Technologiebranche wirke sich gut auf eine Region aus: Denn für jeden Job, der in der IT-Branche entsteht, entstehen vier weitere Jobs in anderen Branchen. Nur müssen wir uns auch anschauen, wie die Qualität dieser Jobs ist“, sagt Maria Noel Fernandez zu mir. Sie arbeitet für Silicon Valley Rising, eine Initiative, die sich für bessere Arbeitsbedingungen und leistbare Wohnungen sowie für das Aufrechterhalten einer Mittelschicht einsetzt. Für die Stadt San José – wo Google einen neuen Campus plant – analysiert Silicon Valley Rising, dass die Mietpreise in den vergangenen Jahren viermal schneller gestiegen sind als die Löhne. Sie vergleichen dabei die Zahlen von 2009 bis 2015. Gerade Menschen in niedrigdotierten Jobs leiden unter dieser Entwicklung.[83]

Das ist gewiss nicht allein die Schuld der IT-Unternehmen, sondern vor allem jene der Politik, wenn Mindestlöhne nicht angepasst werden und der Mieterschutz kaum vorhanden ist. Nur ist die Rolle der digitalen Riesen durchaus ambivalent. Den eigenen Managern und Programmierern zahlen diese Unternehmen beeindruckende Gehälter. Aber viele Digitalunternehmen engagieren auch „temp worker“, also zeitlich befristete Angestellte, und „contract worker“, also Leiharbeiter, die deutlich weniger verdienen. Ich habe zum Beispiel mit einem jungen Amerikaner gesprochen, der eine Zeit lang für Waymo (Googles Schwesterunternehmen) gearbeitet hatte. Er saß in einem dieser selbstfahrenden Autos und passte auf, was das Fahrzeug im selbstfahrenden Modus machte. Der junge Amerikaner hatte über seinen Job keine Gesundheitsversicherung – er war nicht direkt bei Waymo oder beim Alphabet-Konzern angestellt. Und als er einen kleinen Unfall beim Einparken machte, wurde er prompt gefeuert. In den USA gibt es sogar ein Wort für diese Mitarbeiter der Technologiekonzerne, die in keinem regulären Anstellungsverhältnis mit dem Konzern stehen: „shadow workforce", sie sind eine Art Schatten-Personal.[84] Vielleicht erinnern Sie sich an den „Google-Walkout" im Herbst 2018 – als Tausende Mitarbeiter des Konzerns gleichzeitig aufstanden und ihren Platz verließen. Dieser Protest richtete sich nicht nur gegen sexuelle Diskriminierung, sondern auch gegen die ungleichen Konditionen am Arbeitsplatz. Mittlerweile hat Google versprochen, dass jeder Vertreter der „shadow workforce" mindestens 15 Dollar pro Stunde verdienen und auch eine adäquate Gesundheitsversicherung bekommen soll – der massive Protest und die kritischen Berichte bringen also schrittweise Verbesserungen. Wobei einzelne Organisatoren des Protests bei Google nun berichten, sie selbst hätten nach der medienwirksamen Demo Repressionen im Unternehmen erlebt – etwa Degradierungen (Google dementiert dies).[85]

Es ist wichtig zu verstehen: Etliche Zeitungsberichte, sogar unterhaltsame Hollywoodfilme, malen ein sehr rosiges Bild, wie toll einzelne Digitalkonzerne als Arbeitgeber sind, wie sie ihren Mitarbeitern gratis gesundes Essen zur Verfügung stellen oder rund um die Uhr Fitnesscenter und häufig tolle kulturelle Events anbieten. Aber für die großen Plattformen arbeiten auch Menschen, die eine ganz andere Realität erleben: Das Onlinemedium *The Verge* konnte beispielsweise Facebook-Moderatoren interviewen, die hetzerische Kommentare, Gewaltvideos, Pornografie überprüfen müssen. Sie entfernen, was gegen Facebooks Vorstellungen von erlaubter Rede verstößt. Tausend solche Moderatoren arbeiten als Leiharbeiter in Phoenix, Arizona. Insgesamt 15 000 Moderatoren werken für Facebook weltweit. Die Gehaltsunterschiede sind eklatant: Moderatoren in Phoenix verdienen laut dem Bericht 28 800 Dollar im Jahr – der durchschnittliche Facebook-Angestellte erhält im Schnitt 240 000 Dollar an Gehalt, Bonuszahlungen und Aktienoptionen.[86] Gleichzeitig ist der Job eines Moderators hart, die psychische Belastung enorm.

Der Bericht von *The Verge* erzählt von einer Facebook-Moderatorin, die in der Toilette weint und anscheinend eine Panikattacke erlebte, nachdem sie ein Video überprüfen musste, in dem ein Mann vor laufender Kamera erstochen wird. Auch in Deutschland gab es ähnliche Berichte über die psychischen Belastungen von Moderatoren – auch das Gehalt der Moderatoren in Deutschland liegt demnach nur knapp über dem Mindestlohn.[87]

Mittlerweile hat Facebook bekanntgegeben, dass es seinen weltweiten Moderationsteams mehr Unterstützung bieten will: Die Löhne werden in den USA etwas erhöht. Künftig soll es während der Arbeit stets die Möglichkeit geben, psychologische Betreuung in Anspruch zu nehmen.[88] Aber wir sehen hier: Nicht alle Arbeitsbedingungen in der Digitalbranche sind so rosig, wie es häufig suggeriert wird. In der Digitalwirtschaft zeigt sich die Gefahr der Herausbildung einer Art Klassensystem oder Kastensystem – zwischen hochspezialisierten Vollzeitangestellten (oft Techniker), die erstklassig bezahlt sind, und dem Rest der Mitarbeiter, die nur einen Bruchteil verdienen.[89]

Das zweite Problem: Selbst gut bezahlten, hochrangigen Mitarbeitern kann es passieren, dass sie Betroffene einer modernen Form des Taylorismus werden. Der Taylorismus ist jene durchaus umstrittene Management-Methode, bei der die Arbeit von Menschen genau ausgewertet und auch jeder einzelne Schritt exakt für den Arbeiter vorgegeben wird. Einst passierte das mit der Stoppuhr, heute mittels Apps und anderer Tools. Frederick Winslow Taylor begründete dieses System Anfang des 20. Jahrhunderts und nannte es „Scientific Management", auf Deutsch: „wissenschaftliche Betriebsführung". Das war prägend für das Zeitalter der großen Fabriken. Taylors Methodik beeinflusste beispielsweise die Massenproduktion in den Autofabriken Henry Fords. Falls Sie Charlie Chaplins Film

Moderne Zeiten kennen: Dieser stellt eine humoristische Kritik an dieser Art des streng überwachten und genau vorgegebenen Arbeitens dar, wo sich der Arbeiter wie ein Rädchen im Getriebe fühlt. Es ist nicht notwendigerweise so, dass die Digitalisierung für derartige starre Arbeitsformen eingesetzt wird – das Internet ermöglicht auch freie, selbstbestimmte Konstruktionen, aber in der Praxis scheinen manche Unternehmen sehr daran interessiert, ihre Arbeiter zu tracken. Hier kommen wir noch einmal zurück zu Amazon: Nicht nur Amazons Lagerarbeiter werden von Software erfasst – interessanterweise wird auch die Performance von Büroarbeitern und Managern mittels eines Programms berechnet, wie die *New York Times* 2015 herausfand.[90] Laut dem Bericht bekommt jeder Mitarbeiter einen Score – wer den niedrigsten Score hat, fliegt raus. „Rank and yank" nennen die Amerikaner das. Amazon-Gründer Jeff Bezos meinte in Reaktion auf den Bericht, er würde solche Praktiken nicht tolerieren – und sollten Mitarbeiter solche Zustände erleben, sollten sie ihm das melden.[91] Diese Recherche sorgte jedenfalls für breite Empörung, der wirtschaftsliberale *Economist* sah sogar die Gefahr, durch solche Maßnahmen „den Arbeitsplatz zu entmenschlichen."[92]

Amazon ist nicht das einzige Beispiel.[93] Überlegen Sie nur, wie viele Firmenautos einen GPS-Sensor eingebaut haben – in vielen Fällen wollen Unternehmen diese Daten auch einsehen können. Oder schauen Sie sich an, wie oft es in Betrieben ein Streitthema ist, wie weit Software eingesetzt werden darf, die Einblick in die Computer von Angestellten ermöglicht. Das Gute ist, dass wir in Europa ein strenges Arbeitsrecht und strengen Datenschutz genießen und dass auch nicht jeder Chef daran interessiert ist, die eigenen Angestellten digital zu überwachen. Aber als die *New York Times* ihre Recherche publizierte, folgten mehr als 5800 Leserkommentare und manche Nutzer erzählten, dass sie ähnliche Situationen aus ihrem Arbeitsleben kennen.

Das dritte Problem: Uns werden teilweise arbeitsrechtliche Verschlechterungen als cooler neuer Trend verkauft. Begriffe wie „Gig Economy" oder „Crowdworking" klingen modern und positiv

– aber dahinter verstecken sich zum Teil herausragend schlecht bezahlte Jobs, die oft nur jene annehmen, die wenig andere Chancen am Arbeitsmarkt haben.

Die Gefahr besteht hier sogar, dass mittels schön klingender Worte und stylish aussehender Apps die bisherige Logik des Arbeitsrechts infrage gestellt wird und womöglich neue, niedrigere Standards für einige Arbeiter geschaffen werden. Die Gig Economy zum Beispiel beschreibt jene digitalen Dienste, bei denen man über eine App oder Web-Oberfläche kleine Aufträge vergeben kann. Das reicht von Essenszustelldiensten wie Deliveroo oder Mjam über Fahrtenanbieter wie Uber bis hin zu Plattformen wie Amazons Mechanical Turk. Bei Letzterem kann man Internetnutzer kleine Aufgaben erledigen lassen – vom Abtippen von Kassenzetteln bis zum Teilnehmen an Umfragen. Nicht alle Anbieter der Gig Economy sind vergleichbar – zum Beispiel gibt es Dienste, die ihre Mitarbeiter anstellen, wie der Essenszustelldienst Mjam. Aber zum Teil ist auffällig, wie mickrig die Bezahlung ist. Die *Standard*-Journalistin Lisa Breit hat sich zum Beispiel auf der Seite clickworker.de angemeldet: Dort können Unternehmen kleine Aufträge vergeben und pro Auftrag gibt es ein paar Cent oder ein paar Euro. Für das Recherchieren einer Vereinsadresse bekommt man zum Beispiel zehn Cent, für das Verfassen eines Produkttextes 1,55 Euro pro Auftrag, berichtet sie. In zwei Stunden Arbeit kam sie auf einen Lohn von insgesamt 6 Euro.[94] Viele dieser Billigaufträge scheinen nicht darauf ausgerichtet, dass jemand nach westeuropäischen Standards davon leben kann. Besonders zugespitzt formulierte das der Journalist Sebastian Strube schon 2014 nach einem ähnlichen Selbstversuch im Onlinemedium *Vice*: „Eine Woche billige Klickarbeit machte mich zum digitalen Lumpenproletarier."[95]

Diese Gig Economy macht sich jedenfalls global in unterschiedlichen Nischen breit. Das berühmteste Beispiel: der Fahrtenvermittler Uber. Diese Plattform wurde 2009 vom Kanadier Garrett Camp und dem Amerikaner Travis Kalanick gegründet – in nur zehn Jahren expandierte das Unternehmen in mehr als 60 Länder und in 700 Städte, mittlerweile ist es börsennotiert. Ubers Wachstum ist wohl die Folge mehrere Faktoren. Erstens ist die App erstklassig programmiert und userfreundlich: Man tippt den Zielort ein, also wohin man chauffiert werden möchte. Die App kalkuliert den fixen Preis und die geschätzte Fahrtdauer. Man sieht, welcher Fahrer einen abholen wird und wo sich der Wagen gerade befindet. Alle Fahrer können mit bis zu fünf Sternen bewertet werden, das erhöht den Anreiz, zum Kunden freundlich zu sein. Und beim Aussteigen muss man nichts anklicken oder tun, man zahlt automatisch. Ubers Stärke baut zweitens auch auf der Schwäche des klassischen Taxigewerbes auf: Dieses fiel bis zum Aufkommen der digitalen Konkurrenten nicht gerade mit Innovation auf – noch immer findet man Taxifahrer, die nicht einmal Kreditkarten annehmen wollen. Hinzu kommt, dass es in manchen Städten im Taxigewerbe wenig ernsthaften Wettbewerb gab. Uber hat also auch positive Seiten: Es ist praktisch und modern designt.

Gleichzeitig ist Uber wohl auch deswegen erfolgreich, weil es sehr günstig ist. Hier gibt es den Vorwurf, dass dies zulasten der Fahrer geht. In der App berechnet ein Algorithmus den Preis für jede Fahrt. In den USA ergab eine Untersuchung des Economic Policy Institutes, dass Uber-Fahrer im Schnitt einen Stundenlohn von 9,21 Dollar haben (umgerechnet 8,14 Euro) – sie verdienen damit weniger als 90 Prozent der amerikanischen Arbeitnehmer.[96] In Europa sind solche Berechnungen noch schwieriger, weil Uber in unterschiedlichen Ländern verschiedene rechtliche Konstruktionen nutzt. In einigen Ländern gibt es Rechtsstreitigkeiten, inwieweit Ubers Geschäftsmodell rechtmäßig ist. In einem Verfahren hat Uber damit argumentiert, es sei kein Transportunternehmen, sondern ein „Informations-Gesellschafts-Dienstleister". Der Europäische Gerichtshof sieht das anders.[97] In Österreich wurde ein Gesetz beschlossen, welches Uber und Taxis in einem gemeinsamen Gewerbe regelt – inklusive einheitlicher Tarife. Verschiedene Länder versuchen auf unterschiedliche Weise, Uber zu reglementieren.

Uber ist ein Extrembeispiel – aber ähnliche Probleme sehen wir auch bei anderen Anbietern der Gig Economy. In Deutschland zum

Beispiel stellt der Dienst Deliveroo Essen zu. Im Jahr 2018 vertrat die Rechtswissenschaftlerin Eva Kocher die juristische Auffassung: „Das, was Deliveroo macht, ist rechtswidrig.“[98] Sie bezog sich auf jene rechtliche Konstruktion, bei der Deliveroo-Fahrer nicht anstellt, aber die App sehr enge Vorgaben macht. Der Jurist Jeremias Prassl von der Universität Oxford hat ein erstklassiges Buch zu dieser Thematik verfasst. In *Humans as a Service* beschreibt er, wie zum Teil ein Etikettenschwindel stattfindet – wie einige Gig Worker als Selbstständige behandelt werden, obwohl die mit ihnen verbundene Plattform komplett die Regeln vorgibt, den Preis bestimmt, die Transaktion mit dem Kunden im Wesentlichen festlegt: „Das ist das ‚Plattform-Paradox‘: Betreiber der Gig Economy stellen sich selbst als Marktplätze dar, obwohl sie in der Realität oft mehr wie ein traditioneller Arbeitgeber auftreten.“[99]

Schätzungen zufolge zählen in den USA und Großbritannien zwar nur etwa 4 Prozent des Arbeitsmarkts zur Gig Economy, die Gefahr besteht hier aber einerseits, dass solche Modelle eine Strahlkraft haben.[100] Und dass andererseits gerade umstrittene Anbieter einen Wettbewerbsvorteil dadurch erzielen, dass sie beim Personal sparen. Die Gig Economy verdeutlicht jedenfalls: Eine App kann modern programmiert sein und fortschrittlich aussehen – und trotzdem einen Rückschritt für Arbeitnehmer darstellen.

Halten wir kurz fest: Nicht alles, was am digitalen Arbeitsmarkt neu aufkam, ist rosig und wünschenswert aus Sicht der arbeitenden Bevölkerung. Zwar werfen einige digitale Geschäftsmodelle bereits Milliardengewinne ab, aber die wirkliche Herausforderung wird sein, dass durch diese neuen Geschäftsmodelle auch genügend fair bezahlte Jobs entstehen.

Mich fasziniert dieser Widerspruch moderner Technik besonders – häufig steckt in ihr sowohl das Potenzial der Utopie als auch der Dystopie; der Verbesserung als auch der Verschlechterung. Dass wir Apps zum Bestellen von Essen oder Taxifahrten nutzen, muss nicht notgedrungen mit schlechten Arbeitsbedingungen einhergehen

– wir können als Gesellschaft die Bedingungen formen. Dass Algorithmen und Roboter einen Teil unserer Aufgaben übernehmen, ist weder automatisch gut noch automatisch schlecht. Die entscheidende Frage ist vor allem, was mit den Menschen passiert, die in der jeweiligen Branche arbeiten. Und hier sehe ich sogar die Chance, dass Automatisierung einiges verbessert, wenn wir es einfordern.

Denken Sie an den medizinischen Bereich: Wie schon erwähnt, können manche Algorithmen mittels Bildern trainiert werden – und dazulernen. Solche Technologie lässt sich nicht nur im Straßenverkehr oder bei Handy-Apps nutzen. Auch die Medizin arbeitet zunehmend an dieser Art Software, um gewisse Krankheiten, wie beispielsweise Hautkrebs, zu erkennen.

Schon jetzt liefern solche Programme beeindruckende Ergebnisse: Deutsche Forscher, unter anderem vom Nationalen Centrum für Tumorerkrankungen Heidelberg, haben einen Algorithmus mit mehr als 12 000 Bildern von Hautaufnahmen trainiert. Schließlich verglichen sie die Performance ihres Programms mit jener von 157 deutschen Dermatologen. Der Algorithmus lag öfter richtig als die menschlichen Experten. Konkret schnitt der Computer besser ab als 136 der 157 Ärzte. „Unsere Ergebnisse legen nahe, dass Künstliche-Intelligenz-Algorithmen erfolgreich Dermatologen unterstützen könnten beim Erkennen von Melanomen im klinischen Alltag", schreiben die Autorinnen und Autoren in ihrer Studie.[101] Es gibt also die Chance, dass derartige Technik Krebs besser erkennt – und somit Leben rettet. Das ist eine beeindruckende Facette solcher Technologie. Diese Studie wurde prompt von Medien aufgegriffen – wobei die Wissenschaftler betonten: Ihr Algorithmus sei kein Ersatz, sondern eine Ergänzung für menschliche Experten. Schließlich würde ein Facharzt bei einer körperlichen Untersuchung weit mehr berücksichtigen als das Computerprogramm. Beispielsweise gibt es Krankheiten, die erkennt man nicht über optische Eindrücke, sondern über den Tastsinn.[102] Aber immerhin scheint es so zu sein, dass ein Teil der ärztlichen Diagnostik von Maschinen ausgeführt werden kann. „Und das wirft eine politische Frage auf: Was machen wir mit der Zeit, die wir durch solche Technologie gewinnen? Gerade in der Medizin lässt sich beobachten, dass freiwerdende Zeit so eingesetzt wird, dass Ärztinnen und Ärzte beispielsweise noch mehr Fälle bearbeiten oder dass sie andere Tätigkeiten verrichten müssen. Was selten passiert, ist, dass Ärzte dann freiwerdende Zeit für das persönliche Gespräch mit Patienten nützen können", sagt die Politologin Barbara Prainsack, Professorin an der Universität Wien und eine Expertin für Gesundheitspolitik und Digitalisierung.

Bei einer Medizin, die sehr technisch wird, besteht durchaus Grund zur Sorge, Menschen könnten nur wenig Kontakt mit tatsächlichen Ärzten haben und in manchen Bereichen könnte Personal eingespart werden. Aber genau betrachtet können moderne Diagnosetools auch das Gegenteil ermöglichen – nämlich mehr Zeit für das Gespräch mit dem Arzt, eine bessere Betreuung der Menschen und eine umfassendere Beratung der Patienten. Technologie ist hier gar nicht wirklich das Problem. Problematisch ist eher, wenn Technologie vor allem dafür genutzt wird, vom Menschen umso höhere Taktfrequenz, umso mehr Output zu erwarten.

Ganz plump gesagt: Vielleicht ist die Gefahr gar nicht so sehr, dass wir neben Robotern arbeiten müssen, sondern dass wir wie Roboter arbeiten müssen.

6. WIE STEUERN VERLOREN GEHEN

Es ist offensichtlich, dass unser heutiges Steuersystem nicht ausgerichtet ist auf globale und oft auch digital positionierte Konzerne. Wir müssen schon heute in Europa feststellen, dass den Staaten öffentliche Einnahmen entgehen, weil Unternehmen Tricks der Steuervermeidung nutzen.

Geoffrey Hinton ist einer der Pioniere der künstlichen Intelligenz. Er hat maßgeblich zur Weiterentwicklung neuronaler Netzwerke beigetragen – zum Beispiel jene Software, die Hautkrebs treffsicher erkennen kann, ist ein solches neuronales Netz. Sehr vereinfacht kann man neuronale Netze als lernfähige Software bezeichnen, deren Funktionsweise ansatzweise dem menschlichen Gehirn nachempfunden ist. Neuronale Netze sind beispielsweise gut darin, Muster zu erkennen – sie werden häufig für Spracherkennung oder Bilderkennung eingesetzt. Nicht nur die medizinische Diagnostik profitiert davon. Sie kennen möglicherweise die neueren iPhones, die man mittels Gesichtserkennung entsperren kann. Man blickt das Handy an und die Software erkennt seinen Besitzer. Für Funktionen wie diese nutzt Apple neuronale Netze.[103] Oder nehmen Sie Google Translate – jene Software, die Texte übersetzt und beispielsweise sehr clever darin geworden ist, englische Sätze ins Deutsche zu übertragen. Auch für diese Technologie setzt Google neuronale Netze ein.[104] Sie sehen: Es handelt sich um alltägliche Geräte und Onlinedienste, die beeindruckende Methoden der künstlichen Intelligenz nutzen. Geoffrey Hinton ist einer jener Informatiker, die schon in den 1980er-Jahren die theoretischen Grundlagen dafür schufen. Es sollte dann noch Jahrzehnte dauern, bis die Rechenleistung von Computern stark genug wurde, um solche Technologie auch im Alltag zu nutzen.[105]

An Hinton ist aber nicht nur seine digitale Expertise interessant, sondern auch sein soziales Einfühlungsvermögen. Das wird in einem Interview deutlich, das der Autor Martin Ford mit ihm führte. Ford sprach die Ängste vor künstlicher Intelligenz an, deren Auswirkungen auf den Arbeitsmarkt jenen der industriellen Revolution ähneln könnten. Hinton sagte darauf etwas sehr Kluges: „Wenn Sie die Produktivität dramatisch erhöhen und mehr Annehmlichkeiten verbreiten können, sollte das doch eine gute Sache sein. Ob es tatsächlich eine gute Sache sein wird, hängt vom sozialen System ab, es hängt mitnichten von der Technologie ab. Menschen schauen auf Technologie, als seien technische Fortschritte ein Problem. Das Problem hängt vom Sozialsystem und von der Frage ab, ob wir ein Sozialsystem haben, das fair verteilt, oder ob wir eines haben, das all die Verbesserungen auf die obersten ein Prozent verteilt und den Rest der Menschen wie Dreck behandelt. Das hat nichts mit Technologie zu tun."

Und ein wenig später erzählte er: „Ich bin nach Kanada gezogen, weil es eine höhere Steuerquote hat und weil ich glaube, dass richtig gemachte Steuern eine gute Sache sind. Was Regierungen machen sollten, ist, Mechanismen einzurichten, die bewirken, dass es jedem hilft, wenn Menschen ihrem Eigeninteresse folgen. Hohe Steuern sind so ein Mechanismus: Wenn Menschen reich werden, wird jedem über diese Steuern geholfen. Ich glaube jedenfalls, dass viel Arbeit vor uns liegt, um sicherzustellen, dass die künstliche Intelligenz alle begünstigt."[106]

Ich halte das für einen zentralen Aspekt: Sollte sich die Automatisierung negativ auf einen signifikanten Teil der Bevölkerung auswirken, dann ist wohl kaum die Technik an sich das Problem dabei. Entscheidend wird beim aktuellen technologischen Wandel sein, in welches wirtschaftliche oder politische System dieser eingebettet ist. Es geht um die simple Frage: Wenn mehr Reichtum entsteht, wie wird dieser Reichtum verteilt? Und da gibt es meines Erachtens ernsthaften Grund zur Sorge. Es ist bereits jetzt offensichtlich, dass unser heutiges Steuersystem nicht ausgerichtet ist auf globale und oft auch sehr digital positionierte Konzerne. Wir müssen schon heute in Europa feststellen, dass den Staaten öffentliche Einnahmen entgehen, weil international aufgestellte Unternehmen sehr geschickt legale Tricks der Steuervermeidung nutzen.

Ökonomen der EU-Kommission haben berechnet, dass der EU jedes Jahr 36 Milliarden Euro Steuergelder entgehen – das sind umgerechnet 7,7 Prozent des gesamten europäischen Steueraufkommens.[107] 7,7 Prozent mögen im ersten Moment nach wenig klingen, aber genau betrachtet ist es ein Alarmsignal, dass sich solche Methoden makroökonomisch sogar in Zahlen deutlich erfassen lassen. Und bedenken Sie: Diese 7,7 Prozent entgehen den europäischen Staaten entweder und möglicherweise sinken Leistungen des Staates dadurch, oder aber wir anderen Steuerzahlen müssen diese Lücke im Budget füllen. Kein Wunder, dass die Steuerthematik ein extrem emotionales Thema geworden ist. Es ist tatsächlich ungerecht, wenn ausgerechnet einige der profitabelsten Unternehmen damit auffallen, dass sie einen besonders geringen Anteil zum allgemeinen Wohlstand in Form von Steuern leisten. Unternehmen wie Apple oder Google werden stets betonen, dass sie alle rechtlichen Auflagen erfüllen, dass sie alle Steuern zahlen, die sie zahlen müssen. Diese Argumentation stimmt im Grunde auch – und das ist der Kern des Problems: Einige Unternehmen haben legale Möglichkeiten gefunden, die für sie anfallenden Steuern gerade auch in Europa tendenziell niedrig zu halten.

Noch eine Zahl der EU-Kommission: Während der effektive Steuersatz bei Unternehmen mit klassischen Geschäftsmodellen im Schnitt bei 23,2 Prozent liegt, zahlen Konzerne mit digitalem Geschäftsmodell durchschnittlich nur 9,5 Prozent.[108] Wobei ich an dieser Stelle gleich anmerken möchte: Es ist zu simpel, die Affinität zur Steuervermeidung rein bei den digitalen Riesen zu orten – denn es gibt auch nicht-digitale Konzerne, die solche Methoden anwenden. Nur lassen sich ein paar Faktoren identifizieren, die solche Steuerakrobatik im digitalen Feld einfacher machen. Darüber werde ich in diesem Kapitel schreiben und speziell drei Aspekte behandeln: Erstens erkläre ich, warum sich für global agierende Konzerne Steuern so leicht vermeiden lassen – warum gerade auch Internetunternehmen hier geschickt vorgehen können. Zweitens werde ich einen Teil der Gegenstrategien darstellen, wie man das Steuersystem wieder fairer gestalten könnte – denn das Gute ist, es gibt wirklich Lösungsvorschläge. Und drittens werde ich klarmachen, wie unfair es ist, dass einige große digitale Unternehmen sehr wohl von Investitionen des Staates profitierten – aber dann besonders damit auffallen, Steuern zu vermeiden.

Gehen wir zuerst auf die offensichtliche Problematik ein: Warum ist es für international agierende Konzerne einfacher, ihre

Steuern kleinzuhalten, als für Privatleute oder kleinere Unternehmen, die nur in einem Land tätig sind? Das liegt an der grundsätzlichen Ausrichtung des Steuersystems – die seit ungefähr hundert Jahren existiert: Gewinne sollen grundsätzlich dort versteuert werden, wo produziert wird; passive Einkünfte wie Dividenden-, Zins- und Lizenzeinkünfte sollen grundsätzlich dort versteuert werden, wo die Investoren sitzen. Bisher bedeutete das beispielsweise: Steuern fielen dort an, wo ein Unternehmen seine Fabrik hatte. Nur leben wir in einer Zeit, in der nicht mehr so klar ersichtlich ist, wo genau die betriebliche Wertschöpfung passiert.

Der Wirtschaftswissenschaftler Johannes Becker von der Uni Münster beschreibt das in einem Vortrag sehr gut: „Sie haben das vielleicht schon einmal gehört, das iPhone wird in 129 Ländern produziert. Nicht alle davon sind Apple-Standorte, aber einige davon. Und dann ist die Frage: Wo soll der Gewinn dieses Unternehmens besteuert werden?“[109] Die Globalisierung von Geschäftsmodellen (von der Produktion bis zum Verkauf) erschwert eine simple steuerliche Abrechnung. Und für international tätige Unternehmen bietet das die Chance, in der eigenen Konzernstruktur die Kosten und Einnahmen intern so zu verrechnen, dass ein großer Teil des Gewinns am Ende in einem Land verbucht wird, wo es keine oder nahezu keine relevanten Steuern für das Unternehmen gibt. Bermuda ist dafür eine beliebte Destination, dort liegt der Körperschaftssteuersatz bei 0 Prozent.

Eine problematische Rolle spielt hier auch der internationale Steuerwettbewerb: Diese Gewinnverschiebung ist ja nur deswegen lukrativ, weil es Staaten gibt, die wenig bis gar keine Steuern auf Gewinne einfordern. Und nicht nur Steueroasen außerhalb der EU sind das Problem – Irland profitiert vom jetzigen System ebenfalls. So ist in den vergangenen Jahrzehnten ein regelrechter Wettbewerb ausgebrochen, bei dem Mitgliedsländer ihre Steuern senken, um Konzerne anzulocken. Schauen Sie sich nur den Zeitraum seit der Jahrtausendwende an: Auf die eigenen Gewinne zahlen Unternehmen Körperschaftssteuer. Im Jahr 2000 lag der Durchschnitt der

Körperschaftssteuer in der EU knapp oberhalb von 30 Prozent. Bis zum Jahr 2018 ist dieser Wert fast um ein Drittel gesunken. Heute liegt die Körperschaftssteuer bei Unternehmen in der EU knapp oberhalb von 20 Prozent. Dass Steuern für Unternehmen konstant gesenkt werden, wird oft auch als „race to the bottom“ bezeichnet, als Wettlauf nach unten. Noch eine Beobachtung dazu: Im gleichen Zeitraum wurde in vielen Ländern die Mehrwertsteuer erhöht – also eine Steuer, die alle Konsumenten gleichermaßen trifft. Sie stieg zum Beispiel in Deutschland von 16 auf 19 Prozent.[110] „Man kann nicht ganz den Eindruck von der Hand weisen, dass international Unternehmenssteuern gesenkt werden und die Besteuerung mehr in den Bereich der Privatpersonen verlagert wird, also in den Bereich von uns Konsumenten“, sagt der Rechtsanwalt und Steuerberater Dimitar Hristov, Partner der Wiener Kanzlei DLA Piper und ein Experte für internationales Steuerrecht.

Überraschend ist gar nicht so sehr, dass Unternehmen diese günstigen Bedingungen für sich nutzen und jeden verfügbaren Steuertrick anwenden, um lukrative Quartalsergebnisse für ihre Anleger zu erzielen. Überraschend ist eher, dass ihnen so viele Steuertricks legal zur Verfügung stehen. Nun wird auch der Druck auf die Politik größer, das nicht mehr durchgehen zu lassen. In den vergangenen Jahren haben sowohl die OECD als auch die EU einiges gemacht, um einzelne Schlupflöcher zu schließen. „Ein Teil des Problems ist, dass zwar die Auflagen und Regeln massiv erhöht worden sind – die Manpower aber nicht. Die Finanzbehörden sind nicht ausgebaut worden. Stellen Sie sich vor, wie das im Straßenverkehr wäre: Wenn es etliche neue Auflagen und Verbote gäbe, aber kaum Polizisten, um das zu kontrollieren“, sagt Hristov. Das zweite Problem ist eine grundsätzliche Schwäche des Steuersystems: Auch wenn einzelne Schlupflöcher geschlossen werden, bleibt die Problematik bestehen, dass das Steuersystem nicht auf die heutige Form des globalen Handels ausgerichtet ist. „Man versucht gewissermaßen mit Instrumenten des frühen 20. Jahrhunderts die Wirtschaft des 21. Jahrhunderts zu besteuern“, erklärt der Rechtsanwalt.

Eine wichtige Rolle bei solchen Steuerkonstruktionen spielen sogenannte „immaterielle Wirtschaftsgüter". Große Konzerne haben ihr geistiges Eigentum zum Beispiel in Tochtergesellschaften auf den Bermudas übertragen – zu solchem Eigentum zählen Patente, Urheberrechte, Gebrauchsmuster, Markenrechte et cetera. „Solche Immaterialgüter sind der eigentliche Wert des Unternehmens, die ökonomische Leistung spiegelt sich längst nicht mehr in irgendwelchen physisch greifbaren Gütern wider, sondern in solchem geistigen Eigentum", erläutert Hristov. Deutlich wird das an Google: Natürlich besitzt das Unternehmen materielles Eigentum, zum Beispiel Serverfarmen, Firmenautos, Büromobiliar. Aber der wohl wertvollste Besitz ist sein geistiges Eigentum, zum Beispiel der Google-Suchalgorithmus. Derartiges Wissen ist das Kernelement der von Google produzierten Angebote. Und ein recht übliches Vorgehen einiger Unternehmen ist, dass sie derartiges Know-how in Steueroasen verlegen und so argumentieren, dass in diesen Steueroasen die eigentliche Wirtschaftsleistung erbracht wird. Ergo: Dort wird der Gewinn versteuert.

Sehr gut haben Wissenschaftler der Universität Trier Googles Steuerkonstruktion beschrieben: Das Mutterunternehmen Google Inc. hat Immaterialgüterrechte von sich an eine Tochtergesellschaft in Irland (Einheit 1) übertragen – die zwar in Irland gemeldet ist, aber die nach irischem Recht steuerlich auf den Bermudas verankert ist. Es handelt sich dabei um ein Steuerschlupfloch, das Irland lange offenhielt. Eine zweite irische Tochterfirma wurde ebenfalls eingerichtet (Einheit 2). Wer ein Google-Produkt oder Werbung bei Google in Europa kauft, geht mit dieser zweiten irischen Tochterfirma einen Vertrag ein. Und um die Einnahmen steuerschonend aus der EU auf die Bermudas transferieren zu können, wurde noch ein drittes Unternehmen in den Niederlanden gegründet (Einheit 3). Zwar nimmt Google immense Beträge in Europa – etwa über Werbung – ein. Jedoch wird der Großteil der Einnahmen über eine solche Konstruktion auf die Bermudainseln umgeleitet: Denn die irische Tochterfirma, die all die Einnahmen aus Europa macht

(Einheit 2), muss hohe Lizenzgebühren für die Nutzung immaterieller Rechte an die niederländische Gesellschaft (Einheit 3) zahlen. Und die niederländische Gesellschaft muss im Gegenzug hohe Lizenzgebühren an die Einheit 1 zahlen, das irische Unternehmen mit Steuersitz auf den Bermudas.[111] Das klingt kompliziert, aber diese Konstruktion hat zur Folge, dass Einnahmen innerhalb des Google-Konzerns weitergereicht werden und der Großteil dieser Einnahmen erst auf den Bermudas als Gewinn versteuert wird. Besser bekannt ist diese Konstruktion als „Double Irish with a Dutch Sandwich", eben weil zwei irische Gesellschaften und ein niederländisches Unternehmen dazwischen eingesetzt werden. Nach heftiger Kritik hat Irland diese Möglichkeit beendet – Unternehmen, die diese Konstruktion in der Vergangenheit nutzten, dürfen das aber noch bis Ende 2020 tun.[112] Wie das Wirtschaftsmedium *Bloomberg* berichtet, hat Google im Jahr 2017 weiterhin das „Double Irish with a Dutch Sandwich" angewendet. Allein 2017 wurden auf diese Weise 19,9 Milliarden Euro von Google auf die Bermudas transferiert.[113]

Auf Anfrage erklärte mir ein Google-Sprecher: „Wir zahlen alle vorgesehenen Steuern und halten alle Steuergesetze in jedem Land ein, in dem wir tätig sind. Google zahlt, wie andere multinationale Unternehmen auch, den überwiegenden Teil seiner Körperschaftssteuer in seinem Heimatland. In den vergangenen zehn Jahren kam Google auf einen weltweiten effektiven Steuersatz von ca. 23 Prozent." Dieses Statement ist die Standardantwort des Unternehmens auf Fragen zu seinen Steuertaktiken. Zur Einordnung ist aber wichtig: Bis zum Jahr 2018 lag in den USA die Körperschaftssteuer bei 35 Prozent – das liegt doch deutlich über dem Schnitt der vergangenen Dekade bei Google. Auch ein Blick auf die Wirtschaftsdaten der Nachrichtenagentur *Reuters* zeigt im Sommer 2019, dass der effektive Steuersatz von Mutterkonzern Alphabet um ein Drittel niedriger ist als der Durchschnitt in der Industrie.[114] Noch etwas anderes ist wichtig: Niemand wirft Google vor, Gesetze zu brechen. Das Kernproblem ist ja, dass es für multinational agierende

Konzerne legal möglich ist, durch komplizierte internationale Firmenkonstruktionen vergleichsweise wenig Steuern zu zahlen.

Solche, wie sie auch genannt werden, „steuerschonenden Maßnahmen" werden längst nicht nur von Digitalkonzernen eingesetzt. Marken wie Starbucks oder Nike sind auch schon mit derartigen Konstruktionen aufgefallen. Es gibt allerdings zwei Aspekte, die es Onlinediensten leichter machen, so geschickt in Europa Steuern zu vermeiden: Bei High-Tech-Unternehmen spielen Immaterialgüter (Patente zum Beispiel) eine besonders zentrale Rolle. Das erleichtert es, zum Beispiel über konzerninterne Lizenzgebühren Gewinne zu verlagern. Zweitens ist es auch einfacher, in manchen Staaten keine Steuern zu zahlen, wenn man keine physische Präsenz dort hat. Facebook hat in Österreich nicht einmal ein Büro – die hierzulande stattfindenden PR-Aktivitäten werden großteils von Berlin aus betrieben. Zwar geben österreichische Unternehmen und Parteien Millionenbeträge für Facebook-Werbung aus, aber sie gehen dabei einen Vertrag mit dem irischen Unternehmen Facebook Ireland Limited ein. Es fehlt aus juristischer Sicht ein sogenannter Nexus, ein Anknüpfungspunkt für das österreichische Finanzamt – wie zum Beispiel eine physische Betriebsstätte in Österreich –, um die daraus entstehenden Gewinne zu besteuern.[115] Die EU hat bisher einzelne Steuerschlupflöcher gestopft, sie hat den Druck auf Staaten wie Irland erhöht, umstrittene Konstruktionen zu beenden. Das Kernproblem existiert aber weiterhin, dass unsere nationalen Steuersysteme gegenüber diesen grenzüberschreitenden Onlinegeschäften wenig Handhabe haben.

Um dies zu ändern, gab es auf europäischer Ebene die Idee der digitalen Betriebsstätte. Dieses durchaus radikale Konzept hätte dazu geführt, dass Staaten von großen Onlineanbietern einen Teil der Steuern auf Gewinne einfordern können. Seitens der EU wären gewisse Schwellenwerte festgelegt worden – erfasst worden wäre jedes Internetunternehmen, das beispielsweise weltweit einen jährlichen Mindestumsatz von mindestens 750 Millionen Euro macht und mindestens 50 Millionen Euro mit digitalen Leistungen innerhalb der EU einnimmt. Ab einer solchen „signifikanten digitalen Präsenz“ wären Steuern angefallen, die die nationalen Finanzbehörden einnehmen können. Dieser Zugang hätte das Problem der Nationalstaaten gelöst, dass diese bei vielen digitalen Geschäften keinen Anknüpfungspunkt für ihren Fiskus finden. Einfacher ausgedrückt: Es wäre eine rechtliche Möglichkeit zum Besteuern der Gewinne von Digitalunternehmen in allen Ländern geschaffen worden.

Doch dieser ambitionierte Plan scheiterte. Inhaltlich gab es vor allem drei Hürden: Wenn jedes europäische Land einen Teil des Gewinns der digitalen Riesen besteuern kann, dann muss es eine Logik geben, wer wie viel einziehen darf. Es gibt verschiedene Ansätze, wie eine faire Aufteilung ausschauen könnte. Sie alle haben eines gemeinsam: Sie sind sehr kompliziert. Das zweite Problem ist ein politisches: Wenn Europa das macht, dann wären von dieser Maßnahme vor allem amerikanische Internetunternehmen betroffen. Die Gefahr besteht dann, dass die USA sich revanchieren. Gerade deutsche Autokonzerne machen einen wesentlichen Teil ihres Umsatzes auf dem amerikanischen Markt – und fürchten wohl unvorteilhafte Reaktionen. Das führt zur dritten Hürde: Gerade für eine Exportnation wie Deutschland stellt sich die Frage, ob so ein radikales Umkrempeln des Steuersystems lukrativ ist. Wie der *Spiegel* schreibt, exportiert die deutsche Automobilindustrie rund 80 Prozent ihrer im Land erzeugten Produktion. Das bisherige Steuerprinzip führt dazu, dass alle Gewinne daraus in Deutschland versteuert werden. Wenn die EU die Gewinne der Internetunternehmen künftig dort besteuert, wo ihre Nutzer sitzen, wäre es möglich, dass China oder Indien ebenfalls einen Teil der Gewinne, den europäische Konzerne in ihren Ländern machen, versteuern wollen.[116]

Sie merken: Es ist sehr schwierig, das Steuersystem umzukrempeln, weil viele unterschiedliche Interessen daran geknüpft sind. Diese durchaus revolutionäre Idee einer digitalen Betriebsstätte ist aktuell auf Eis gelegt – ich beschreibe sie aber deshalb so genau, um zu verdeutlichen: Es ist ohne Zweifel möglich, das Steuersystem nach einer anderen Logik aufzuziehen. Und zwar nicht nach der Logik, dass Gewinne dort versteuert werden, wo produziert wurde, sondern dass Gewinne dort versteuert werden, wo die Konsumenten sind. Dass die EU so einen radikalen Wandel anzudenken riskiert, zeigt, wie groß der Druck bereits geworden ist und dass das jetzige System nicht funktioniert.

Diese revolutionäre Idee wurde also wieder begraben, aber das Interessante ist: Es gibt einen neuen, durchaus ambitionierten Ansatz. Gerade Deutschland setzt sich für eine Mindeststeuer ein – Finanzminister Olaf Scholz (SPD) will das auf Ebene der OECD verhandeln. Demnach soll es global einen Mindeststeuersatz geben, der auf Gewinne von Unternehmen anfällt, egal wo diese Gewinne erwirtschaftet werden. Und wenn dann der klassische Fall eintritt, dass ein Mutterkonzern aus einem Hochsteuerland eine Tochterfirma in einer Steueroase mit beispielsweise 0 Prozent Steuern betreibt – dann soll der Staat, in dem der Mutterkonzern angesiedelt ist, die Differenz zwischen 0 Prozent und der Mindestbesteuerung einheben können.

Das würde womöglich zwei Effekte zur Folge haben: Erstens lohnt sich die globale Steuerakrobatik für Unternehmen nicht mehr so sehr. Zweitens heben dann vielleicht einige Länder ihre Körperschaftssteuer auf die Mindesthöhe an – und insgesamt wird dieser kostspielige Steuerwettbewerb abgeschwächt. „Das Spannende an einem globalen Mindeststeuersatz ist, dass er vergleichsweise leichter als andere Lösungen umsetzbar wäre. Die politische Streitfrage ist natürlich die Höhe des Steuersatzes. Das ist derzeit noch völlig offen“, erklärt Dominik Bernhofer, Steuerexperte der Arbeiterkammer, der österreichischen Interessensvertretung von Arbeitnehmern, die die aktuellen Diskussionen auf OECD-Ebene genau verfolgt. Zumindest handelt es sich hier um einen Ansatz, der international ernsthaft diskutiert wird.

Während ich diese Zeilen schreibe, ist es noch zu früh, abzuschätzen, ob dieser Vorschlag eine Chance hat. Aber Sie sehen auch hier, dass mittlerweile schon recht weitreichende Ideen international kursieren. Wir müssen darauf achten, dass uns auch in globalen und digitalen Zeiten die Steuereinnahmen von Unternehmen erhalten bleiben. Insbesondere wenn man die Situation am Arbeitsmarkt bedenkt, wo auch Steuereinnahmen wegfallen können, wenn weniger oder weniger gut bezahlte Jobs vorhanden sind.

Es gibt enorm viel, was Staaten tun könnten. Immer wieder wird beispielsweise über eine Art Robotersteuer nachgedacht, mit der Unternehmen, die Roboter einsetzen, erfasst werden können. Der Hintergrund ist nämlich: Wenn beispielsweise ein Industriebetrieb seine Produktion massiv umstellt und statt Menschen Maschinen einsetzt, dann hat dies aus staatlicher Sicht mehrere Schattenseiten. Erstens fallen (wahrscheinlich gut bezahlte) Jobs weg. Zweitens bleiben Einkommenssteuern aus, die auf Löhne eingehoben werden. Und drittens entgehen dem Staat auch Sozialversicherungsbeiträge, denn für Angestellte muss der Arbeitgeber auch einen Beitrag zum Sozialstaat leisten. Einfacher ausgedrückt: Bei einer Automatisierung gehen nicht nur Jobs verloren, sondern auch bisherige Einnahmen des Staates.

Das führt zur Frage, ob Unternehmen, die stark auf Roboter und künstliche Intelligenz setzen, zusätzliche Abgaben zahlen sollen – um diese Lücke im Sozialsystem zu füllen. Oder anders gesagt: Warum soll ein Unternehmen plötzlich viel weniger belastet werden, nur weil dort Roboter statt Menschen arbeiten?[117] Auch Microsoft-Gründer Bill Gates plädiert für eine derartige Lösung. Gegenüber dem Wirtschaftsmedium *Quartz* sagte er: „Sicher wird es Steuern geben, die Automatisierung betreffen. Wenn im Moment ein menschlicher Arbeiter, sagen wir, 50 000 Dollar (pro Jahr, Anm. I.B.) Wert an Arbeit verrichtet, wird dieses Einkommen besteuert und man erhält Einkommenssteuern und Sozialversicherung, all diese Sachen. Wenn ein Roboter kommt und das Gleiche macht, möchte man meinen, dass wir den Roboter auf einem gleichen Level besteuern."[118] Selbst Gates, der eine Zeit lang der reichste Mensch der Welt war, meint, dass hier neue Steuern angemessen sind.

Es ist zum jetzigen Zeitpunkt unklar, ob wir als Gesellschaft solche neuen Steuern einführen werden, ob wir als Bürger genügend Druck erzeugen, damit die Politik auch tatsächlich solche Ansätze verfolgt. Ich zumindest bin der Ansicht, dass wir große Schritte und nicht nur kleine Nachjustierungen benötigen – wir können uns die Steuervermeidung großer Unternehmen und die Gefahr, dass Einnahmen wegfallen und kein Ersatz gefunden wird, einfach nicht leisten.

Das Ärgerlichste an der jetzigen Situation: Heute fallen Unternehmen wie Apple oder Google mit Steuervermeidung auf, aber wenn man es genau betrachtet, haben sie selbst von Investitionen des Staates profitiert – und somit von Steuergeld. Das ist die These der Ökonomin Mariana Mazzucato, die sie in ihrem lesenswerten Buch *Das Kapital des Staates* beschreibt. Als die Doktoranden Larry Page und Sergey Brin ihren Suchalgorithmus entwickelten – der Grundstein von Google –, unterstützte dies die National Science Foundation, eine staatliche Forschungsförderungsstelle der USA.[119] Mazzucato vertritt die These, dass ganz am Anfang von technischen Innovationen der Staat das große finanzielle Risiko trägt. Und private „Risikokapitalgeber" kommen ihrer Ansicht nach häufig erst hinzu, wenn die Technologie kurz vor der Marktreife steht. Das führe zur Situation, dass die teure Anschubfinanzierung vieler Erfindungen der Steuerzahler vorauszahlt, die ertragreichen Früchte jedoch dann vor allem private Investoren ernten. Und sie meint auch, dass unterschätzt wird, wie relevant der Staat gerade für hochtechnologische Errungenschaften war. Besonders deutlich beschreibt sie das am Beispiel Apples.

Apple ist eines der wertvollsten Unternehmen der Welt: Wenn der Aktienkurs gerade hoch ist, liegt Apples Marktkapitalisierung über einer Milliarde Dollar. Mazzucato argumentiert, dass viele der Produkte, die Apple so erfolgreich vermarktet, eine Folge von staatlichen Investitionen sind. Gerade der US-amerikanische Staat betreibt sehr intensive Forschungsförderung. Erfindungen wie Computerprozessoren, Festplattenlaufwerke, LCD-Bildschirme,

Lithium-Ionen-Akkus, Mobilfunknetze, Spracherkennung, sogar das Internet als Ganzes, wurden wesentlich von staatlicher Seite gefördert oder gar im Auftrag des Staates entwickelt.[120]

Lassen Sie mich zwei Beispiele Mazzucatos herausgreifen: Im Jahr 2007 erhielten der Deutsche Peter Grünberg und der Franzose Albert Fert den Nobelpreis in Physik für den von ihnen entdeckten quantenmechanischen Effekt namens Riesenmagnetowiderstand. Diese Erkenntnis ermöglichte die Entwicklung von modernen Festplatten. Die Forschung der beiden Europäer wurde auch vom amerikanischen Energieministerium unterstützt. 2007 erhielten die beiden den Nobelpreis – in der Laudatio wurde erwähnt, dass ihre Forschungsergebnisse heute auch im iPod zum Einsatz kommen.[121] Ein anderes Beispiel: Sie kennen bestimmt Apples Sprachassistentin Siri. Wie begann die Forschung an Siri? Die DARPA, die Forschungsstelle des amerikanischen Verteidigungsministeriums, wollte einen „virtuellen Büroassistenten" für Militärangehörige entwickeln lassen und beauftragte eine amerikanische Universität damit. Als das iPhone auf den Markt kam, wurde aus dieser Forschung ein Start-up namens „SIRI" entwickelt und Apple kaufte dieses Unternehmen und sein Know-how ein. Siri gibt es, weil der amerikanische Staat an einer virtuellen Bürohilfe interessiert war.[122]

Mazzucato bringt etliche solche Beispiele, die illustrieren, wie der Staat ein hohes Risiko für viele frühe Investments übernahm. Als wären sie technische Visionäre, werden jedoch häufig die „Venture Capital"-Geber wie Peter Thiel behandelt – und Peter Thiel erklärt dann auch noch in der Öffentlichkeit, wie nutzlos Staaten angeblich seien. Das Unfaire an dem Ganzen: Häufig wird gar nicht erwähnt, wie viel manche Staaten zu technologischem Fortschritt beitragen. Speziell der amerikanische Staat investiert seit dem Zweiten Weltkrieg sehr stark in gewagte neue Technologien. Man kann den Aufstieg des Silicon Valley auch als Geschichte eines klugen staatlichen Investierens in Forschung erzählen. Doch bekommen Steuerzahler genug dafür zurück? „Der Staat finanziert (…) einen wesentlichen Teil der Forschung und Entwicklung und erzielt daraus nur lächerliche Gewinne“, meint Mazzucato.[123] Sie schlägt unterschiedliche Lösungen vor, wie man das verbessern könnte – zum Beispiel indem erfolgreiche Unternehmen Tantiemen zahlen, wenn sie Forschungsergebnisse nutzen, die der Staat maßgeblich förderte. Auch das ist ein Ansatz, wie man von rentablen digitalen Riesen einfordern kann, dass sie ihren Reichtum stärker mit der Gesellschaft teilen.

Dazu am Schluss noch eine Anmerkung von Geoffrey Hinton, jenem Pionier auf dem Feld der künstlichen Intelligenz, den ich eingangs zitierte. Er forscht seit mehr als zwanzig Jahren an der Universität Toronto, wo er auch eine Professur innehat. Im Interview mit Autor Martin Ford wird er gefragt: Gibt es einen Grund, warum gerade in Kanada so viel Forschung zu künstlicher Intelligenz passiert? Hinton nennt zum einen die Kooperation mit zwei weiteren Wissenschaftlern, die sehr hilfreich war. Und außerdem betont er folgenden Grund: „Das Canadian Institute for Advanced Research stellte Finanzierung für Grundlagenforschung in Hochrisiko-Bereichen zur Verfügung, und das war sehr wichtig (…) – es war sehr wichtig, diese Finanzierung zu haben, die uns ermöglichte, viel Zeit im kleinen Kreis miteinander zu verbringen, wo wir unpublizierte Ideen richtig austauschen konnten.“[124] Dieses Institut, das Hintons Forschung hier maßgeblich unterstützte, wird übrigens zu wesentlichen Teilen aus kanadischen Steuergeldern finanziert. Wir sehen hier einmal mehr den Wert von Staaten, die wissenschaftliche Ideen unterstützen, bevor diese marktreif sind.

7. DIE HOFFNUNG EINES GRUNDEINKOMMENS

Es gibt Ansätze eines bedingungslosen Grundeinkommens, die bei näherer Betrachtung weniger sozial als das jetzige System sind.

Der Arbeitsmarkt ändert sich: Da Software klüger und Roboter geschickter werden, wird ein Teil der Jobs automatisierbar. Gleichzeitig ist offensichtlich, dass einige große Unternehmen sehr gekonnt Steuern vermeiden. All das führt zu Unbehagen – und ebenso zur Frage: Wie könnte eine gerechtere digitale Zukunft aussehen? Hier wird vielfach, auch von Vertretern der Digitalkonzerne, ein bedingungsloses Grundeinkommen vorgeschlagen. Mich fasziniert, wie viel Begeisterung dieser Ansatz auf sich zieht. Dahinter steckt eine recht simple Idee: Jeder Bürger bekommt denselben Geldbetrag vom Staat, der hoch genug ist, dass man davon leben kann. Egal, ob man arbeitet oder nicht, die Existenz eines jeden wäre durch ein solches Grundeinkommen gesichert.

Gerade im Silicon Valley gibt es einige hochrangige Vertreter dieser Idee. Sie wird häufig als Antwort auf die Frage gebracht: Was tun wir, wenn Roboter oder Algorithmen wirklich viele Jobs vernichten? „Es gibt eine ziemlich hohe Chance, dass wir bei einem bedingungslosen Grundeinkommen landen werden, oder bei etwas Ähnlichem, aufgrund der Automatisierung“, sagt beispielsweise Elon Musk, Gründer des Elektro-Autokonzerns Tesla, zum Sender CNBC.[125] Auch Amazon-Gründer Jeff Bezos soll sich angesichts der Automatisierung für ein derartiges Modell ausgesprochen haben.[126] Sehr idealistisch hat einmal Mark Zuckerberg über dieses Konzept gesprochen – er hielt eine Rede vor Absolventen der Universität Harvard, wo er einst auch studierte und wo er die Webseite Facebook startete. Zuckerberg meinte: „Wir wissen alle, dass man nicht nur dadurch erfolgreich ist, dass man eine gute Idee hat und hart arbeitet. Man braucht auch Glück. Hätte ich meine Familie finanziell unterstützen müssen, als ich aufwuchs, anstatt die Zeit zu haben, programmieren zu lernen; hätte ich nicht gewusst, dass es mir gut gehen würde, auch wenn Facebook nichts wird, dann würde ich heute nicht hier stehen. (…) Jetzt ist es an der Zeit für unsere Generation, einen neuen gesellschaftlichen Vertrag zu definieren. Wir sollten eine Gesellschaft sein, die Fortschritt nicht nur an ökonomischen Kennzahlen wie dem BIP misst, sondern daran, wie viele eine Aufgabe haben, die sie bedeutungsvoll finden. Wir sollten Ideen wie einem bedingungslosen Grundeinkommen nachgehen, um sicherzustellen, dass jeder ein finanzielles Polster hat, neue Ideen auszuprobieren.“[127]

Mark Zuckerberg verweist hier gar nicht auf die potenzielle Konkurrenz durch Roboter. Er begreift das bedingungslose Grundeinkommen nicht als Notlösung gegen Arbeitslosigkeit. Sondern er sieht darin eine generelle Chance, mehr Menschen zu ermöglichen, einer für sie bedeutungsvollen Aufgabe nachzugehen. Das Ganze zeigt, welche unterschiedlichen Hoffnungen mit solch einer Idee verknüpft werden: vom Schutz vor Armut bis hin zur größeren gesellschaftlichen Freiheit.

Tatsächlich ist das Schöne an dieser Idee, dass sie die Frage aufwirft, wie wir möglichst vielen Menschen ein würdevolles Leben ermöglichen. Ich muss aber gleich festhalten: Ich bin skeptisch, ob das bedingungslose Grundeinkommen wirklich so eine perfekte Lösung ist. Im Kern sehe ich drei Probleme: Die Gerechtigkeitsfrage, die Finanzierungsfrage und letztlich die Gefahr der kompletten Abschaffung des Sozialstaats.

Kurz zur Gerechtigkeitsfrage: In vielen Fällen ist mit dem „bedingungslosen“ Grundeinkommen wirklich gemeint, dass jeder Mensch monatlich denselben Betrag erhält. Das würde zum einen bedeuten, dass auch Mark Zuckerberg diesen Betrag jeden Monat vom Staat bekommt. Noch schwerwiegender kommt hinzu: Unser jetziges Sozialsystem ist bedarfsorientiert – das heißt, Menschen mit Behinderungen, mit besonderen Bedürfnissen, auch anerkannte Flüchtlinge mit Sprachdefiziten können unterschiedliche Förderangebote nutzen. Gleichzeitig wird bei vielen Zahlungen differenziert, zum Beispiel, ob ein Arbeitsloser in einer Gegend mit hohen Mietpreisen oder mit niedrigen Mietpreisen lebt. All das bedeutet natürlich einen organisatorischen Aufwand, eine Vielzahl von Programmen und, ja, eine gewisse Bürokratie. Aber mir zumindest erscheint ein System, das die konkrete Situation eines Menschen berücksichtigt, gerechter und treffsicherer als eine Finanzierung nach dem Gießkannenprinzip. Viele Konzepte des bedingungslosen Grundeinkommens bauen nämlich darauf auf, dass dann zwar alle einen gleich hohen Betrag bekommen, im Gegenzug aber sämtliche andere Programme des Sozialsystems gestrichen werden.

Das führt zur zweiten Problematik: Wenn man alle Sozialleistungen streicht, wie viel Geld soll jeder Bürger pro Monat bekommen – und wie finanzieren wir das? Es gibt nicht die eine vorherrschende Definition, wie ein bedingungsloses Grundeinkommen aussehen sollte. Genau betrachtet, gibt es ein Wirrwarr unterschiedlicher Forderungen, die teilweise im Widerspruch zueinander stehen. „Ich weigere mich mittlerweile, irgendeine Einschätzung zu geben, ob ich für oder gegen ein bedingungsloses Grundeinkommen bin. Man muss nämlich zuerst klären, welcher Ansatz damit gemeint ist und inwieweit bisherige Leistungen durch solch ein Grundeinkommen ersetzt würden", sagt die Politologin Barbara Prainsack, die an der Universität Wien lehrt.

Ganz simpel gesagt: Es gibt Ansätze des bedingungslosen Grundeinkommens, die Menschen beschämend wenig zum Leben lassen würden. Manche Konzepte beginnen bei 500 oder 600 Euro pro Monat. Ganz offensichtlich ist ein solcher Betrag nicht dafür gedacht, dass Menschen wirklich nur mit diesem Einkommen ihren Lebensunterhalt bestreiten. Aber schauen wir uns eine beliebtere Zahl an: 1000 Euro im Monat.

Das hat zum Beispiel Götz Werner, Gründer der Drogeriekette dm, vorgeschlagen. 1000 Euro monatlich ohne Steuerabzug klingt im ersten Moment nach einem hohen Betrag – nur bedenken Sie: In solch einem System gäbe es dann keine anderen Sozialleistungen mehr. Stipendien, Pensionen, Wohngeld, all das würde wegfallen. „Für den größten Teil aller bisherigen Hartz-IV-Empfänger/innen bedeutet dies, dass sich ihre finanzielle Situation verschlechtert", schreibt zum Beispiel der Philosoph Richard David Precht in dem Buch *Grundeinkommen kontrovers*.[128] Zur Erklärung: In Deutschland liegt der Regelsatz für einen alleinstehenden Hartz-IV-Bezieher bei 416 Euro im Monat. Wer zusätzlich noch eine Förderung benötigt, kann je nach Region bis zu 590 Euro Mietzuschuss und rund 130 Euro für Kranken- und Pflegeversicherung bekommen. Wenn man also alle zusätzlichen Bezüge streicht, könnte ein bedingungsloses Grundeinkommen von 1000 Euro – so hoch das klingt – eine Verschlechterung gerade für jene darstellen, die am meisten darauf angewiesen sind. Also Vorsicht bei so schön anmutenden Zahlen: Damit man wirklich von einem Grundeinkommen leben kann, müsste es sogar ziemlich hoch sein. Richard David Precht schlägt hier sogar 1500 Euro vor. Der Streit um die Höhe führt zu einer noch schwierigeren Frage: Wer soll das bezahlen?

Götz Werner, der die Debatte rund um das bedingungslose Grundeinkommen in Deutschland lostrat, äußerte in der Vergangenheit recht unkonventionelle Ideen: Er will das Grundeinkommen über Konsumsteuern finanzieren. Die Mehrwertsteuer könnte auf 50 Prozent erhöht werden.[129] Gleichzeitig könnten alle Unternehmens-, Kapital- und Gewinnsteuern für Reiche wegfallen. Das führt wenig überraschend zu folgender Kritik: Die breite Masse muss sich das Grundeinkommen selbst finanzieren – und gleichzeitig findet eine „drastische Steuerentlastung für Unternehmen" statt. Das meint zumindest der Politikwissenschaftler und Armutsforscher Christoph Butterwegge. Er kritisiert solche Vorschläge als „politischen Etikettenschwindel", vordergründig würden Bürger belohnt, aber hintergründig würden sich vor allem Unternehmer Steuern sparen.[130] Und das führt zu einem wichtigen Punkt: Es gibt Ansätze eines bedingungslosen Grundeinkommens, die bei näherer Betrachtung weniger sozial als das jetzige System sind. Das reicht bis zur Idee, dass der Staat ein eher niedriges Grundeinkommen finanziert, die meisten Menschen neben diesem Grundeinkommen arbeiten gehen – und gleichzeitig am Arbeitsmarkt keine Mindestlöhne mehr existieren.

Das wirft schon die Frage auf, ob manche Konzernchefs im Silicon Valley oder auch in Europa das bedingungslose Grundeinkommen so interessant finden, weil sie sich erhoffen, dass dadurch ein größerer Niedriglohnsektor entsteht. Zumindest kann man sagen, dass manche Zugänge zum bedingungslosen Grundeinkommen als neoliberal einzustufen sind und manche als links bzw. als alternativ zum jetzigen Wirtschaftssystem. Eher linke Ansätze fordern in der Regel höhere monatliche Zahlungen und wollen das eher über Steuern auf Vermögen oder auf Finanzgeschäfte finanzieren. Egal, wo man persönlich politisch steht: Die Vorschläge zur konkreten Ausgestaltung des bedingungslosen Grundeinkommens sind so divers, dass jeder Ideen darunter finden kann, die er oder sie als ganz furchtbar oder als eher akzeptabel einschätzt. Das erklärt auch, warum so unterschiedliche Personen wie die Rechtspopulistin Frauke Petry, der Philosoph Richard David Precht, Vertreter der deutschen Partei „Die Linke“ oder auch Unternehmenschefs der Technologiebranche mit diesem Begriff etwas anfangen können. Der Armutsforscher Butterwegge hat einmal den schönen Kommentar geliefert, das bedingungslose Grundeinkommen gleiche „einer politischen Wundertüte, aus der sich jeder heraussucht, was er an Wünschen und Hoffnungen bezüglich der Gesellschaftsentwicklung hineinprojiziert.“[131]

Neben der Frage, welche Gesellschaftsform man sich wünscht, stellt sich jene der Finanzierung. Und da muss man feststellen, dass ein bedingungsloses Grundeinkommen, das wirklich alle Bürger bekommen und von dem man leben kann, teuer ist. Nehmen wir das Jahr 2016 – für das sowohl Berechnungen für Deutschland als auch für Österreich vorliegen. In Österreich lag die Armutsrisikogrenze 2016 bei 1185 Euro pro Monat. Wenn jeder erwachsene Österreicher 1185 Euro pro Monat bekommt und jeder Unter-18-jährige die Hälfte, kostet das jährlich 113 Milliarden Euro. Das beziffert die Agenda Austria, ein wirtschaftsliberaler Thinktank.[132] Zum Vergleich: Alle staatlichen Einnahmen im Jahr 2016 betrugen gut 150 Milliarden Euro – von diesem Betrag wird der gesamte Staatshaushalt finanziert (vom Bildungssystem über die Polizei, die Justiz, den Verkehrsausbau bis hin zum Sozialbereich). Das heißt, mit den jetzigen Steuereinnahmen lässt sich ein bedingungsloses Grundeinkommen nicht stemmen. Noch deutlicher sind die Zahlen aus

Deutschland: Wenn 83 Millionen Deutsche jeden Monat 1000 Euro vom Staat bekommen, kostet das rund eine Billion Euro pro Jahr – also rund 1000 Milliarden Euro. Der Gewerkschafter Ralf Krämer hat das berechnet und liefert auch folgenden Vergleich: Selbst wenn Deutschland sämtliche Steuern für Unternehmen erhöhen, beispielsweise alle Steuern auf Gewinne und Vermögenseinkommen verdoppeln würde, brächte dies „nur“ 160 Milliarden Euro Mehreinnahmen im Jahr.[133] Das allein wäre also noch nicht ausreichend.

Man kann das als Dilemma des bedingungslosen Grundeinkommens beschreiben: Jene Modelle, die nur eine niedrige monatliche Zahlung vorsehen, wären eher finanzierbar. Nur würden solche Ansätze Menschen wohl kaum die Freiheit geben, sorgenlos vom Grundeinkommen zu leben. Modelle mit einer höheren monatlichen Zahlung würden ermöglichen, dass Menschen freier ihren eigenen Interessen nachgehen, aber diese Modelle sind extrem teuer. Der Forscher Luke Martinelli von der University of Bath in Großbritannien hat das einmal folgendermaßen auf den Punkt gebracht: „Ein leistbares bedingungsloses Grundeinkommen ist ungenügend. Und ein genügend ausgestaltetes bedingungsloses Grundeinkommen ist unleistbar.“[134]

Vorsichtig formuliert ist die Finanzierbarkeit eines ernsthaften Grundeinkommen-Modells eines der größten Fragezeichen. Aber führen wir ein kleines Gedankenexperiment durch. Nehmen wir an, es würde uns gelingen, das Steuersystem umzustellen und dem Staat dadurch plötzlich mehr Geld zu verschaffen: Selbst dann stellt sich noch immer die Frage, ob es wirklich die sinnvollste Investition ist, wenn jeder Bürger – auch wenn er es gar nicht braucht, auch wenn er stinkreich ist – vom Staat Geld überwiesen bekommt. Das ist sehr wohl eine Grundsatzfrage. Mir zumindest erscheinen viele andere Investitionen sinnvoller, etwa das Geld in Bildung, in Forschungsförderung oder in Wohnbau zu stecken.

„Es gibt auch den interessanten Ansatz britischer Forscher, dass der Staat nicht einfach Geld überweist, sondern dass er allen bedingungslose Grunddienstleistungen anbieten soll – etwa kostenlos

Wohnungen, Bildung, Nahrung, Transport", sagt die Politologin Prainsack. Die Forscher des Institute for Global Prosperity wollen damit auf der alten Idee aufbauen, dass der Staat seinen Bürgern gewisse Grundleistungen zur Verfügung stellt. Statt über Geld zu sprechen, könnte man auch die Frage beantworten: Welche Infrastruktur und welche Chancen sollte jeder einfach haben? Es braucht Antworten, wie man ökonomischen Druck in Zeiten der Digitalisierung lindern kann, meint Barbara Prainsack: „Wenn man sich heutige Prognosen ansieht, kann es durchaus sein, dass ein Teil der Bevölkerung langfristig keinen Arbeitsplatz haben wird, dass die Zahl der Arbeitsplätze oder der ausreichend bezahlten Arbeitsplätze abnimmt. Bisher antworten wir als Gesellschaft darauf, dass wir den Druck auf Arbeitslose erhöhen, dass Menschen zum Teil demütigende oder extrem schlecht entlohnte Jobs annehmen – nur damit man nicht arbeitslos ist. Da erscheint es mir sehr sinnvoll, von solch einer Logik wegzukommen und Modelle zu entwickeln, bei denen man ein menschenwürdiges Leben führen kann, unabhängig von der eigenen Erwerbstätigkeit."

Erinnern wir uns etwa an die 14 Prozent der Jobs, die laut OECD durch Technik ersetzbar werden: Selbst die harmloseren Prognosen vermuten einen deutlichen Umbruch am Arbeitsmarkt. Und sollte ein Teil der Bevölkerung keine neu entstehenden Jobs finden, braucht es eine Lösung, damit diese Bürger ohne Stigmata ebenfalls ein würdevolles Leben führen können. Mein Eindruck ist: Viele Menschen, die sich für das bedingungslose Grundeinkommen interessieren, verfolgen hehre solidarische Ziele. Ich hege nur die Hoffnung, dass wir dieses Ziel auf eine komplexere Weise erreichen.

Das bringt mich zum letzten und womöglich schwerwiegendsten Argument gegen das bedingungslose Grundeinkommen. In vielen Varianten würde die Einführung eines solchen Grundeinkommens mit der Abschaffung aller anderen sozialstaatlichen Leistungen einhergehen. Statt vieler kleiner Hebel im Sozialsystem hat man dann einen großen Hebel, den man umlegt, und alle bekommen Geld. „Das führt aber zur Gefahr des ‚einzelnen Hebels'.

Damit ist die Tatsache gemeint, dass ein durch Steuern finanziertes Grundeinkommen relativ einfach wieder abgeschafft werden könnte. Denn statt vieler unterschiedlicher Ansätze im Sozialsystem hat man plötzlich nur noch eine Maßnahme, die womöglich mit einer einzelnen Gesetzesänderung aufgehoben werden kann. Es hätte katastrophale Folgen für unsere Gesellschaft, wenn die betroffenen Menschen vor jeder Wahl fürchten müssen, dass das neu gewählte Parlament ihre Existenzgrundlage abschaffen könnte", sagt Barbara Prainsack.

Das mag unpopulär und bürokratisch klingen: Aber in meinen Augen ist Komplexität in einem Sozialsystem nicht immer eine schlechte Sache – sie kann einen plötzlichen Kahlschlag und eine Abkehr von solidarischen Prinzipien deutlich erschweren. Und manchmal bedeutet Komplexität womöglich auch mehr Gerechtigkeit, in dem Sinne, dass vor allem jenen staatliche Mittel zustehen, die diese wirklich benötigen.

8. AUCH MASCHINEN MACHEN FEHLER

Ich sehe derzeit die Gefahr, dass wir menschliche Expertise schnell in Abrede stellen – den Entscheidungen von Maschinen hingegen recht blind vertraut wird. Sinnvoll ist, im Einzelfall wirklich zu überprüfen, ob eine Software tatsächlich eine Verbesserung bringt.

Anfang 2019 war ich zu einer Diskussionsrunde in Wien eingeladen, es ging um das Thema „Big Data“ und wie sich das Datensammeln auf unsere Gesellschaft auswirkt. Noch bevor der fachliche Teil begann, trat ein Kinderchor auf die Bühne. In die Stille des Raums begann ein Piano zu ertönen und die Kinder sangen: „Alle Menschen sind frei und gleich an Würde und Rechten geboren.“[135] Das ist der Artikel 1 der Allgemeinen Erklärung der Menschenrechte. Es mag kitschig klingen: Aber das war ein schöner Moment. Und als die Kinder sangen, „Alle Menschen sind frei und gleich an Würde und Rechten geboren“, dachte ich mir: Genau darum geht es bei vielen Diskussionen um das Digitale. Tatsächlich stellt sich die Frage, wie wir demokratische Prinzipien, Grundrechte und Ideen wie die Gleichwertigkeit aller Menschen ins Digitalzeitalter transferieren. Denn es gibt Anwendungsformen von Technik, die die Würde von Menschen verletzen – oder die einzelne Gruppen diskriminieren. Je intelligenter Computerprogramme werden, je mehr Entscheidungen wir ihnen übertragen, desto mehr können diese Programme auch Menschen benachteiligen.

Nehmen Sie Amazon: Der Konzern hatte gehofft, seine Mitarbeitersuche einem Algorithmus überlassen zu können. Es wäre ein weiterer Bereich gewesen, den Amazon an eine Software auslagert. Die Idee war folgende: Man füttert einem Computerprogramm hundert Bewerbungsschreiben und der Rechner spuckt die fünf besten Kandidaten aus. Hierfür wurde ein Algorithmus mit den Unterlagen von Bewerbern der vergangenen zehn Jahre trainiert. Die meisten Bewerbungen kamen von Männern – was die Dominanz von Männern in der Technologiebranche widerspiegelt. Der Algorithmus zog aus den Daten den Schluss, dass Männer zu bevorzugen seien. Und infolgedessen bestrafte dieses System Frauen: Wenn zum Beispiel in einem Lebenslauf stand, dass man das „women's chess team“ geleitet hatte, also ein Frauen-Schachteam, wurde dies als negatives Signal gewertet, weil das Wort „women's“ vorkam. Amazon justierte die Software nach, damit so eindeutig geschlechtsbezogene Wörter nicht bestraft wurden. Jedoch war das

Problem größer – der Algorithmus fand ganz subtile Muster: Zum Beispiel bevorzugte er Kandidaten, die in ihren Bewerbungsschreiben Formulierungen verwendet hatten, die häufiger Männer nutzen. Aus der Datenanalyse ging nämlich hervor, dass Männer häufiger Wörter wie „executed" (auf Deutsch: durchgeführt) oder „captured" (das bedeutet: erfasst) einsetzen. Wer eine tendenziell männliche Sprache verwendete, wurde besser bewertet. All das deckte die Nachrichtenagentur *Reuters* im Jahr 2018 auf – und berichtete damals auch, dass Amazon das Programm wegen der Fehleranfälligkeit eingestellt hatte. Der Onlinehändler betonte, dass dieses System nie in der Praxis eingesetzt worden war.[136]

Es nicht das einzige Mal, dass Amazons Instrumente der künstlichen Intelligenz für Aufregung sorgten: Der Konzern bietet auch eine Gesichtserkennungs-Software namens „Rekognition" an, die beispielsweise Polizeibehörden kaufen können. Wenn es von einem Diebstahl ein Überwachungsvideo gibt, kann Amazons Software das Video auswerten und das Gesicht des gefilmten Täters mit Polizeidatenbanken abgleichen. Wobei es da anscheinend Schwachstellen gibt: Die Forscherinnen Joy Buolamwini und Deborah Raji vom Massachusetts Institute of Technology und der Universität Toronto kamen zum Ergebnis, dass Amazons Gesichtserkennungssoftware gravierende Fehler aufweist. So werden zwei von zehn Frauen im Schnitt als Mann eingestuft.[137] Bei schwarzen Frauen lag diese Fehlerquote sogar bei fast einem Drittel. Dabei wird solche Software bereits im Alltag von der Polizei eingesetzt – etwa im US-Bundesstaat Oregon. Es besteht also schon jetzt die Gefahr, dass Menschen fälschlicherweise verdächtigt werden, weil die Software irrt.[138]

Ein konkretes Problem ist, dass Algorithmen bestehende gesellschaftliche Ungleichheit widerspiegeln und sogar vergrößern können. In den vergangenen hundert Jahren wurde hart um die Gleichstellung von Frauen gekämpft, dass sie beispielsweise das Wahlrecht erhalten oder nicht die Zustimmung ihres Mannes brauchen, wenn sie arbeiten gehen wollen. Jedoch läuft Software, die basierend auf historischen Daten – also Information aus der

Vergangenheit – Rückschlüsse über die Zukunft ziehen sollen, Gefahr, nach wie vor bestehende Ungleichheit zu verstärken. Nehmen Sie Amazons Bewerbungsalgorithmus als Beispiel: Er hatte anscheinend das Muster richtig erkannt, dass sich Frauen seltener bei dem Digitalkonzern beworben hatten, und dies als Grundlage für seine Entscheidungen genutzt. Es geht vielfach wohl gar nicht darum, dass Programmierer oder Unternehmen gezielt Frauen benachteiligen – das kann ungewollt passieren, weil das Programm gesellschaftliche Unterschiede erkennt und den Status quo übernimmt. Die Software versteht schließlich den gesellschaftlichen Kontext nicht – sie weiß nicht, welche Formen der Ungleichbehandlung wir zurückdrängen wollen. In diesem Kapitel werde ich auf die Frage eingehen, wo wir vorsichtig sein sollten, ehe wir künstliche Intelligenz einsetzen. Und ich plädiere dafür: Es braucht gesetzlich verankerte Transparenzpflichten, wenn derartige Software wichtige Entscheidungen über Menschen fällt.

Denn auch in Europa werden schon jetzt viele ökonomische Entscheidungen mithilfe von Algorithmen getroffen: Wenn Sie bei einer Bank um einen Kredit ansuchen, läuft wahrscheinlich im Hintergrund eine Software, die Ihre Kreditwürdigkeit berechnet. Ob Sie ein gutes Angebot von der Bank erhalten oder nicht, basiert auch auf Berechnungen von Computerprogrammen. Doch wir wissen viel zu wenig über solche Computermodelle: Unternehmen wie der KSV in Österreich oder die Schufa in Deutschland berechnen einen Score für möglichst jeden Konsumenten – diese Zahl soll zeigen, wie wahrscheinlich es ist, dass ein Bürger seinen Zahlungsverpflichtungen nachkommt. Beim deutschen Schufa-Score zeigte sich aber, dass selbst bei wenig vorliegender Information eine Risikoanalyse erstellt wird. Zum Beispiel wurde einem zwanzigjährigen Angestellten ein „erhöhtes bis hohes Risiko“ attestiert – dabei wusste die Schufa nur sein Alter, sein Geschlecht, seine Wohnadresse und dass er drei Girokonten besitzt. Das ergab eine groß angelegte Auswertung vom *Spiegel* und Bayerischem Rundfunk. Die Journalisten sahen auch, dass junge Männer häufiger einen schlechten Score bekommen.[139]

Wir alle sind längst Betroffene von algorithmischen Berechnungen – doch es fehlen bisher klare Regeln, wie viel Transparenz solche Software braucht. Und wir müssen auch überlegen: Wo sind solche Computerberechnungen sinnvoll – und wo sind sie riskant?

„Was der Computer besser kann, ist, statistische Muster in hochverrauschten Daten zu finden. Der Computer findet keine Kausalität, er findet eine Korrelation. Die Software sieht Muster, die Menschen nicht auffallen würden", sagt Tobias Krafft, Informatiker am Algorithmic Accountability Lab der TU Kaiserslautern. Er beschäftigt sich mit algorithmischen Entscheidungen. Die Hoffnung ist, dass Software in vielen Fällen besser als der Mensch entscheidet. „Solche Vorgänge sind vor allem dann harmlos, wenn davon nicht direkt Menschen betroffen sind. Wenn der Computer erkennt, dass eine Schraube falsche Maße hat und sie vom Fließband nimmt, interessiert mich das nicht sonderlich. Aber interessant wird es, wenn solche Algorithmen wichtige Entscheidungen über den Menschen treffen oder diese unterstützen", meint Krafft. In einigen Fällen sollen Algorithmen sogar menschliches Verhalten vorhersagen.

Ein alltägliches Beispiel: Wenn Sie auf Facebook gehen, zeigt Ihnen der Algorithmus Beiträge an, die angeblich relevant für Sie sind. Dafür berechnet Facebooks Algorithmus für jeden Beitrag, den einer Ihrer Freunde postete, wie wahrscheinlich es ist, dass Sie darauf klicken werden oder dass sie diesen teilen werden. Die Software versucht, Ihr Verhalten vorherzusagen – und sie macht das wahrscheinlich, indem sie Ihr Verhalten aus der Vergangenheit und andere Faktoren analysiert.[140] Auf den ersten Blick mag die Inhaltsselektion bei Facebook harmlos wirken – ob Ihnen ein Katzenvideo oder ein seriöser Nachrichtentext eingeblendet wird, spielt im Einzelfall wahrscheinlich keine große Rolle. Aber bedenken Sie nur: Mit der enormen Größe des Netzwerks potenzieren sich solche Effekte. Was zwei Milliarden Menschen über die Welt wissen, wird auch von Facebooks Algorithmus mitgeprägt. Das ist ein Grund, warum Algorithmen so ein riesiges Thema sind: Auf je mehr Menschen solche Software angewendet wird, desto folgenreicher ist dies.

Es ist sogar so, dass Staaten zunehmend einflussreiche Software einkaufen oder diese entwickeln lassen. In einigen US-Bundesstaaten wird ein Algorithmus eingesetzt, der voraussagt, welche Straftäter in Zukunft erneut ein Verbrechen begehen werden. Die Prognose soll Richtern helfen, zu urteilen, ob jemand auf Bewährung freikommt oder seine Haftstrafe absitzen muss. „Das Programm heißt COMPAS, es stellt Richtern eine Risikoklassifizierung zur Verfügung: Hat jemand ein hohes, mittleres oder niedriges Rückfallrisiko. Mit 137 Angaben über die Person inklusive historischen Daten berechnet die Software das. Die Angaben macht zum Teil der Betroffene selbst und zum Teil ein Fallbetreuer", sagt Tobias Krafft, der zu der Auswirkung dieser Software auch forscht. Man muss sich durch den Kopf gehen lassen, was das bedeutet: Ob man im Gefängnis sitzt oder probeweise in die Freiheit darf, wird auch mittels Zukunftsvorhersage einer Software entschieden.

Das System ist weltberühmt und umstritten, seitdem Journalisten des Mediums *ProPublica* im Jahr 2016 eine Auswertung durchführten. Sie verglichen die Prognose des Computers über mehr als 7000 Menschen in Florida mit der realen Entwicklung, wer danach eine Straftat beging. Enorme Empörung löste aus, dass Afroamerikaner strenger von der Software behandelt wurden. In der Gruppe der „false positives" – das sind jene Personen, die zu Unrecht in die Hochrisiko-Gruppe eingestuft wurden – gab es folgendes Problem: Afroamerikaner wurden fast doppelt so oft fälschlicherweise verdächtigt, begingen dann aber keine Straftat mehr.[141] Wohlgemerkt: Unter Wissenschaftlern ist es ein fachlicher Streit, woran man erkennen kann, ob eine Software Menschen diskriminiert. Eine Frage ist, welche Faktoren man für die Bewertung der Fairness eines Algorithmus heranziehen soll. Aber man kann auf jeden Fall sagen: Nach der bisherigen Logik dieser Software haben reumütige Afroamerikaner ungleich schlechtere Karten als Weiße.[142]

Abseits der Frage nach der Diskriminierung weist die Software COMPAS auch grundsätzliche Schwächen auf. „Das System ist einfach nicht gut genug. Bei der Prognose von gewaltbasierten

Straftaten liegt die Software zu rund 80 Prozent falsch. Das ist problematisch, wenn Richtern solche Werte überhaupt vorgelegt werden", sagt Krafft, der dies selbst statistisch überprüft hat. Es ist also möglich, dass Menschen im Gefängnis sitzen, weil die Software sie zu Unrecht verdächtigte – und ein Richter sich vom Computer beeindrucken ließ. Wichtig ist nämlich: Berechnungen von Computern wirken oft zuverlässig und seriös, nur weiß jeder Informatiker, dass auch Software falsch liegen kann. COMPAS wurde von einem privaten Unternehmen namens Equivant (vormals Northpointe) entwickelt – der Hersteller spricht von einer Treffsicherheit um die 70 Prozent. Unabhängige Auswertungen zeichnen ein anderes Bild. Hier zeigt sich ein zweites Problem: In vielen Fällen gibt es keine unabhängige Evaluation, sondern nur die Behauptungen des Herstellers, wie toll sein Algorithmus angeblich sei.

Diese Thematik betrifft nicht nur die USA. In der Schweiz sorgte 2018 ein Bericht des öffentlich-rechtlichen Rundfunks SRF für Aufregung, demzufolge die Polizei in etlichen Kantonen ein Prognosetool namens Dyrias einsetzt. Diese Software gibt die Wahrscheinlichkeit an, ob ein Mann seine Frau schwer verletzen oder gar töten wird. Bei einer Untersuchung von sechzig Fällen, in denen die Software angewendet wurde, kam heraus, dass das Programm in den untersuchten Männern auffällig schnell einen Gefährder sieht. „Zwei Drittel von denen, die Dyrias als hoch gefährlich bezeichnete, schritten nie zur Tat", berichtet der SRF.[143]

In vielen europäischen Ländern werden maßgeblich Algorithmen eingesetzt, die nicht umfassend erforscht wurden. In Österreich zum Beispiel bewertet schon jetzt ein Algorithmus Arbeitslose. Die Software weist jedem eine Zahl zu, die vorhersagen soll, wie hoch oder niedrig dessen Chancen am Arbeitsmarkt sind. Ab 2020 wird diese Zahl auch für die Vergabe von Kursen herangezogen: Wer in die Kategorie mit den niedrigsten Jobchancen einsortiert wird, soll tendenziell keine teuren Weiterbildungen erhalten.[144] Hier besteht erneut die Sorge, dass Frauen benachteiligt werden könnten. Denn in der Kalkulation ist es ungünstig, wenn man eine Frau ist. In den

Unterlagen des Herstellers wird beispielsweise eine Formel genannt, in der es heißt „– 0,14 x GESCHLECHT_WEIBLICH". Frausein ist demnach ein Negativfaktor in der Berechnung.[145]

Das Arbeitsmarktservice widerspricht solchen Einwänden – es weist darauf hin, dass in der bisherigen Verteilung Frauen seltener in der niedrigsten Kategorie landen.[146] Nur: Um die Effekte dieses Algorithmus wirklich genau zu überprüfen, bräuchte es eine eigene Evaluierung. Und die gab es bisher nicht.

Dabei existieren bereits Lösungsansätze. Der Gesetzgeber kann festlegen, wie viel Informationspflichten die Anbieter wichtiger Algorithmen gegenüber der Öffentlichkeit haben. Gerade bei sehr einflussreichen Programmen sollte klar definiert sein, auf welche Weise unabhängige Wissenschaftler die Software untersuchen können. Zweitens sollte der Staat mit gutem Beispiel vorangehen. Zum Beispiel könnten wir gesetzlich definieren, in welchen Feldern der Verwaltung es eine verpflichtende Evaluierung braucht, ehe ein Algorithmus als relevantes Unterstützungstool eingesetzt werden darf. Und drittens sollten wir in solchen Fällen auch überprüfen, ob die Software wirklich so viel klüger oder effizienter ist als der Mensch. Ich frage mich mittlerweile: Werden Menschen und die Komplexität menschlicher Entscheidungsfindung manchmal unterschätzt?

Nur ein Beispiel – als Beleg, wie impulsgetrieben und unzuverlässig menschliche Urteilsfindung ist, wird gerne folgende Studie zitiert: Israelische Ökonomen haben Entscheidungen von Richtern ausgewertet. Konkret ging es um die Frage, ob Häftlinge vorzeitig aus dem Gefängnis entlassen werden sollen. Einen ganzen Tag lang hörten die israelischen Richter die Ansuchen von Insassen an. Bei der Auswertung fiel den Ökonomen aber ein eklatanter Unterschied auf: Ganz in der Früh kamen noch 65 Prozent der Insassen frei. Vor der Mittagspause sank der Anteil auf fast 0 Prozent. Nach der Mittagspause wurden wieder mehr Häftlinge auf Bewährung freigelassen, erneut waren es 65 Prozent. Und im Laufe des Nachmittags sank dieser Anteil wiederum. Die Ökonomen schrieben: „Wir sehen, dass die Wahrscheinlichkeit einer vorteilhaften Entscheidung zu Beginn des Arbeitstags oder nach der Essenspause höher ist als bei später folgenden Fällen."[147] Diese Untersuchung wird auch als Studie über „hungrige Richter" bezeichnet – und als Hinweis gedeutet, dass Menschen von ihren Gefühlen oder körperlichen Bedürfnissen sehr beeinflusst werden.[148]

Es gibt allerdings ein Problem mit dieser Studie: Anscheinend haben die Ökonomen nicht alle relevanten Faktoren berücksichtigt. Die israelischen Juristen Keren Weinshall-Margel und John Shapard haben ebenfalls hierzu geforscht und Folgendes herausgefunden: Die Anhörungen vor den Richtern ist keineswegs zufällig. In der Früh werden jene Insassen als erste angehört, die einen Rechtsanwalt an ihrer Seite haben. Jene Häftlinge, die keinen juristischen Beistand haben, kommen als letzte dran. Wenig überraschend, haben Insassen mit rechtlicher Beratung eine weitaus höhere Chance freigelassen zu werden. Am Vormittag kommen alle Fälle eines ganzen Gefängnisses dran – und am Nachmittag dann alle Fälle des nächsten Gefängnisses. Auch am Nachmittag werden zuerst jene Häftlinge angehört, die einen Rechtsanwalt engagiert haben. Das erweckt den Eindruck: Die ursprüngliche Studie über Richter hat relevante Details nicht untersucht.[149] Und es gibt auch noch andere Wissenschaftler, die inhaltliche Zweifel an der Studie geäußert haben.[150] [151] Es kann also sein, dass Richter doch nicht so irrational sind und sich vom Hunger komplett blenden lassen.

Mir gibt sehr zu denken, dass ausgerechnet diese Studie gern als Beleg für angeblich irrationale Menschen gebracht wird, sie sich aber gleichzeitig einige Kritik gefallen lassen muss. Ich sehe derzeit die Gefahr, dass wir menschliche Expertise schnell in Abrede stellen – den Entscheidungen von Maschinen hingegen recht blind vertraut wird. Sinnvoll ist, im Einzelfall wirklich zu überprüfen, ob eine Software tatsächlich eine Verbesserung bringt.

Ein interessantes Beispiel liefert Allegheny County – das ist der Bezirk rund um die Stadt Pittsburgh. Seit 2016 setzt das Jugendamt dort ein Screeningtool ein, das die Wahrscheinlichkeit vorhersagen soll, ob eine Familie ihr Kind misshandeln wird. Die Software verknüpft Informationen aus etlichen Datenbanken: Information über Haftstrafen in der Familie, Inanspruchnahme von Sozialprogrammen, Gesundheitsdaten, frühere Informationen des Jugendamts. Ruft jemand bei der Behörde an und meldet den Verdacht, eine Familie würde ihr Kind misshandeln, liefert die Software automatisch eine Risikoanalyse zum Fall. Das Programm soll Sozialarbeitern helfen, anhand mehrerer Faktoren einzuschätzen, ob ein Kind gefährdet ist.

Natürlich ist diese Software kontrovers – immerhin geht es um die Frage, bei welchen Familien der Staat genau hinschaut. Die amerikanische Politologin Virginia Eubanks kritisiert, dass auch Daten über empfangene Sozialleistungen miteingerechnet werden. Sie hegt den Verdacht, dass arme Menschen ein schlechteres Ranking bekommen. Es gibt durchaus ernst zu nehmende Debatten um dieses Programm, aber eines ist auffällig: Dieses Programm ist viel transparenter als andere Modelle. Der Auftrag wurde öffentlich ausgeschrieben, den Zuschlag erhielt kein Privatunternehmen, sondern Forscher unter Federführung der Technischen Universität Auckland. Diese Wissenschaftler publizieren zu ihrer Methodik und sie haben eine ethische Evaluierung inkludiert.[152] Ich habe mit Rhema Vaithianathan, der wissenschaftlichen Leiterin des Projekts, gesprochen. Sie erzählte mir: „Dass wir auch dezidiert ethische Fragen betrachten, war einer der Gründe, warum wir die Ausschreibung gewonnen haben." Mittlerweile gibt es eine zusätzliche Evaluierung dieses Tools, das ein Forscher der Universität Stanford erstellte – demnach hat die Software in einigen Punkten zu guten Ergebnissen geführt. Das heißt, das Programm scheint eine Hilfe zu sein, gefährdete Kinder zu identifizieren.[153] Ich bin oftmals skeptisch, was den Einsatz von algorithmischen Risikovorhersagen betrifft, aber in diesem Fall ist es gut, dass die Software in mehrerlei Hinsicht evaluiert wurde. Oder anders gesagt: Man fragt sich, wieso das nicht längst Status quo ist, dass einflussreiche Software auf ihre Treffsicherheit und auf unerwünschte Nebeneffekte hin untersucht wird.

In Europa haben Bürger aufgrund der Datenschutzgrundverordnung zumindest gewisse Auskunftsrechte. Was es aber in der EU bisher nicht gibt, sind gesetzlich festgeschriebene Mindeststandards, wie viel Transparenz bei unterschiedlichen Formen von Algorithmen notwendig ist. Zunehmend wird genau das gefordert. „Sie müssen als Staat wahrscheinlich den gesamten Prozess begleiten: Von der Planung wichtiger Algorithmen über die Konzeption bis zur Anwendung. Es ist zu kurz gedacht, dass man anfangs einen schnellen Algorithmen-TÜV macht und damit wäre das Problem gelöst. Sondern man muss auch analysieren, wie sich Software dann im Alltag auswirkt", sagt Tobias Krafft. Er hat gemeinsam mit der Informatikprofessorin Katharina Zweig, Leiterin des Algorithmic Accountability Lab, eine genaue Aufschlüsselung verfasst, auf welchen Ebenen man Algorithmen regulieren kann.[154] Und auch 77 Prozent der Deutschen sind der Meinung, der Staat soll prüfen können, ob automatisierte Entscheidungen dem Recht entsprechen. Das ergab eine Befragung im Auftrag des Verbraucherzentrale Bundesverbands.[155]

Wichtig ist, dass unabhängige Forscher gerade bei sehr einflussreichen Algorithmen Tests machen können – und somit untersuchen können, ob unerwünschte Nebeneffekte auftreten. Es gibt Formen von Algorithmen, die von Wissenschaftlern schwer bis gar nicht überprüfbar sind: Hier bringen Zweig und Krafft den Vorschlag ein, dass solche kaum überprüfbaren Programme nicht für sehr wichtige Entscheidungen über den Menschen eingesetzt werden sollen. Mir erscheint das durchaus vernünftig.

Informatikprofessorin Zweig hat auch eine konsumentenfreundliche Anregung: Man könnte für Algorithmen eine Art „Beipackzettel" einführen.[156] Also eine für User leicht verständliche Erklärung liefern, welches Ziel ein Algorithmus beispielsweise auf einer großen Plattform verfolgt – und ob potenzielle Nebeneffekte dieser Software bekannt sind. Wir haben es geschafft, bei Arzneimitteln solche Informationspflichten einzuführen – warum nicht auch bei mächtigen digitalen Tools? Deutschland ist jedenfalls eines jener europäischen Länder, in denen diese Debatte schon sehr intensiv geführt wird.

Politisch gibt es aber europaweit wenig Konkretes. Die EU-Kommission hat eine eigene High-Level Expert Group zum Thema künstliche Intelligenz eingesetzt – ich komme auf diese Thematik in Kapitel 13 zurück. Unklar ist bisher, wie sehr die Europäische Union bei diesem Thema einschreiten wird. „Die große Gefahr ist derzeit, dass es bei reinen Debatten über Ethik verbleibt – und letztlich die Industrie freie Hand hat. Wir brauchen mehr als das: Wir brauchen klare Gesetze, was nicht mehr erlaubt ist oder wie viel Transparenz und Kontrolle bei künstlicher Intelligenz notwendig sind", meint Ursula Pachl, sie ist eines der Mitglieder dieser Expertenkommission und gleichzeitig Vizedirektorin von BEUC, dem europäischen Dachverband der Verbraucherschützer.

Wichtig ist, dass die Debatte endlich konkret wird. Sonst droht zum einen die Gefahr, dass nur unverbindliche „Ethikrichtlinien" existieren und keine zwingenden gesetzlichen Rahmenbedingungen. Schon jetzt betonen Unternehmen wie Facebook oder Google eifrig, wie wichtig ihnen die „Fairness" ihrer Software sei. Die Frage ist, ob hier versucht wird, klare Regulierung zu vermeiden.[157] Auffällig ist mittlerweile auch, dass viel Forschung zur Ethik von Algorithmen ausgerechnet von Technikunternehmen finanziert wird.[158] Wir müssen nicht nur über den Einfluss der Industrie auf die aktuelle Debatte sprechen, sondern überdies eine inhaltliche Grundsatzfrage stellen: Gibt es Bereiche, wo wir strikt ablehnen, dass künstliche Intelligenz zum Einsatz kommt?

Nehmen wir das Beispiel Gesichtserkennung: Ich habe Amazons Software Rekognition erwähnt, bei der offensichtlich schwarze Frauen besonders schlecht erkannt werden. Ein Grund dafür kann sein, dass die Software vor allem mit Fotos weißer Männer trainiert wurde – und daher bei anderen Gruppen weniger treffsicher ist. Ein naheliegender Impuls wäre zu sagen: Die Software soll zusätzlich mit Fotos schwarzer Frauen trainiert werden, um diese richtig zu erkennen. Nur sollte man kurz innehalten und bedenken, was eine solche Forderung bedeutet: In solch einem Fall trainieren wir ein noch perfekteres Überwachungssystem heran. Natürlich ist das praktisch für Amazon und die Polizei, wenn sie ein nahezu fehlerloses Gesichtserkennungssystem hätten. Aber sollten wir nicht zuerst als Gesellschaft definieren, in welchen Bereichen wir Gesichtserkennung wollen? Oder auch: Wo soll die Polizei nur mit richterlicher Erlaubnis solche Software einsetzen dürfen?

In Kapitel 10 gehe ich noch näher darauf ein, wie auch Staaten teils problematische Deals mit Digitalkonzernen abschließen. In einer Zeit, in der Anbieter wie Amazon auch weltweit Geld mit solcher Software machen wollen, sollten wir schon ernsthaft diskutieren, wo wir solche aufdringliche Software tolerieren (und wo nicht). Zu dieser Thematik haben die Rechtswissenschaftlerin Julia Powles und die Informatikprofessorin Helen Nissenbaum einen vielbeachteten Aufsatz verfasst. Sie meinen: Wir gehen zu sehr der Rhetorik der digitalen Riesen auf den Leim, die suggerieren würde, dass solche Software unausweichlich sei. Sie schreiben: „Der Aufstieg von Apple, Amazon, Alphabet, Microsoft und Facebook als die weltweit wertvollsten Unternehmen wird begleitet von zwei miteinander verbundenen Erzählungen über Technologie. Die erste handelt von künstlicher Intelligenz – das goldene Versprechen und die aggressive Verkaufstaktik dieser Unternehmen. Künstliche Intelligenz wird als mächtige, allgegenwärtige, unaufhaltbare Kraft dargestellt, die unsere größten Probleme lösen kann, obwohl es im Kern anscheinend nur darum geht, Muster in riesigen Datenmengen zu finden. Die zweite Geschichte lautet, dass künstliche Intelligenz ein Problem hat: Vorurteile.“[159]

Powles und Nissenbaum meinen, wir sollten nicht nur darüber diskutieren, inwiefern Software einzelne Menschengruppen diskriminiert. So wichtig diese Frage selbstverständlich ist, sollten wir auch die grundsätzliche Sinnhaftigkeit einiger Programme beleuchten. Profitiert davon wirklich die Gesellschaft – oder profitieren vor allem einzelne Anbieter? „Kurz gesagt, die Beschäftigung mit sehr eng gefassten informatischen Fragestellungen lenkt uns von weit wichtigeren Themen ab wie der gewaltigen Asymmetrie zwischen den gesellschaftlichen Kosten und dem privatwirtschaftlichen Nutzen in der Markteinführung dieser automatisierten Systeme. Es verweigert uns auch die Möglichkeit, uns zu fragen: Sollten wir diese Systeme überhaupt bauen?"[160]

Ich sehe das ähnlich: Ich habe eingangs mein Erlebnis mit dem Kinderchor gebracht, der sang: Alle Menschen sind frei und gleich an Würde und Rechten geboren. In diesem Satz ist nicht nur der Gedanke enthalten, dass alle Menschen gleich behandelt werden sollten. Generell müssen wir auch die Frage stellen: Wo greift Software zu sehr in die Menschenwürde ein? Gesichtserkennung ist eines der Felder, die wir meines Erachtens sehr kritisch prüfen sollten. Derartige Technologie birgt sowohl das Potenzial enormer Überwachung als auch enormen Missbrauchs. Gerade in den USA ist die Debatte darüber schon recht groß. San Francisco hat sogar mittlerweile der eigenen Polizei verboten, künstliche Intelligenz zur Gesichtserkennung anzuwenden – da aus Sicht des städtischen Aufsichtsorgans die Risiken solcher Software größer sind als der potenzielle Nutzen.[161] Das Beispiel San Francisco führt vor: Selbstverständlich ist es noch möglich, rote Linien zu ziehen. Selbstverständlich können wir als Gesellschaft weiterhin definieren, welcher Verwendungszweck von Software uns nicht mehr behagt – und zu welchen Anwendungsformen künstlicher Intelligenz wir Nein sagen.

9. SCHATTENSEITEN DER PERSONALISIERUNG

Dass sich Onlineshops, soziale Medien, Videoplattformen, Streamingdienste nach unseren früheren Klicks und anderen Signalen von uns richten, ist oftmals praktisch und es wirkt kundengerecht. Nur: Ist es das wirklich?

Aus heutiger Sicht war Amazon vor zwanzig Jahren ein Zwerg. Diesen Onlineshop nutzten gerade einmal 4,5 Millionen Kunden, aber Firmengründer Jeff Bezos hatte schon damals ambitionierte Pläne: Er wollte seine Webseite für jeden Konsumenten und dessen Interessen anpassen. „Online können wir das machen. Wir können es zu Ihrem Laden machen, maßgeschneidert auf Sie", sagte Bezos im Jahr 1998 zur *Washington Post*. Und ferner: „Wenn wir 4,5 Millionen Kunden haben, sollten wir nicht einen Laden haben. Wir sollten 4,5 Millionen Läden haben."[162]

Heute, zwanzig Jahre später, kann man sagen, dass Bezos sein Vorhaben umsetzte. Wenn Sie ein Konsument des Onlinehändlers sind, wird Ihnen womöglich auffallen, wie viele Angebote auf Ihre früheren Einkäufe und Klicks zugeschnitten sind. „Inspiriert von Ihren Shopping-Trends", heißt es da, „Ähnliche Artikel wie die, die Sie sich angesehen haben", „Empfehlungen für Sie", „Weitere Artikel für Sie". Wir Internetnutzer sind solche Personalisierung schon komplett gewohnt. Dass sich Onlineshops, soziale Medien, Videoplattformen, Streamingdienste nach unseren früheren Klicks und anderen Signalen von uns richten, ist oftmals praktisch und es wirkt kundengerecht. Nur: Ist es das wirklich?

Es stellt sich durchaus die Frage, inwiefern es für Kunden von Nachteil sein kann, wenn jeder Kunde eine andere Produktauswahl oder gar andere Preise sieht. Heutige Technik ermöglicht, dass genau das passiert – dass das Einkaufserlebnis viel mehr auf den Einzelnen oder beispielsweise auf die jeweilige Tageszeit zugeschnitten ist.

Denken Sie an bisherige Supermärkte: In vielen Filialen sind die Preise noch auf Papier gedruckt – es ist ein gewisser Aufwand, die Beträge zu ändern. Wenn Sie in der Früh einen Liter Milch kaufen und am Abend ebenso, wird der Preis (sofern es sich um dasselbe Produkt handelt) vermutlich derselbe sein. Aber mittlerweile gibt es zunehmend Supermarktfilialen, die digitale Preisschilder haben. Der Preis eines Produkts ist nicht auf einen Zettel gedruckt, sondern auf einer kleinen Anzeige zu sehen. Konsumentenschützer befürchten, dass dies zu stärker wechselnden Preisen führen könnte.[163] Denn manche Anbieter – etwa der Tankstellen-Shop-Betreiber Lekkerland – sind an solchen Modellen interessiert.[164] Zum Beispiel könnte ein Laden tagsüber weniger für Chips verlangen und abends, wenn die Nachfrage steigt, den Preis für dieses Produkt erhöhen. Zumindest technisch wird dies durch digitale Preisschilder möglich. In der Fachsprache nennt man das „dynamische Preisgestaltung" – was für den Offlinehandel bisher vor allem ein interessantes Zukunftsthema ist, ist bei Onlineanbietern bereits gang und gäbe.

Wenn Sie auf Webseiten wie amazon.de Produkte beobachten, werden Sie merken, dass der Preis tagsüber häufig schwankt. Viele Onlinehändler nutzen Algorithmen. Zum Beispiel kann Software überwachen, ob ein Konkurrent den Preis für ein Produkt senkt oder erhöht, und dann automatisch die eigenen Preise adaptieren. Mittels solcher Algorithmen ist es möglich, Preise jedes einzelnen Produkts viel öfter zu ändern, als ein Mensch dies händisch eintippen könnte. Nur eine Zahl: Auf amazon.com verändern sich die Preise jeden Tag 2,5 Millionen Mal, bezifferte der Analysedienst Profitero schon im Jahr 2013.[165]

Es gibt aber noch weitreichendere Taktiken als dynamische Preisgestaltung. Die Sorge besteht, dass es sogar zu personalisierten Preisen kommt. Dabei wird der Preis auf den einzelnen Nutzer zugeschnitten – basierend auf Merkmalen, die der Computer über den einzelnen User erfasst hat, zum Beispiel, was er zuvor anklickte oder welches Gerät er benutzt. Das wäre so, wie wenn zwei Menschen im Supermarkt nebeneinanderstehen und für den einen kostet die Milch 99 Cent und für den anderen 1,19 Euro. Im Supermarkt ist das schwer realisierbar – weil jeder dasselbe Display anschaut. Aber in Onlineshops gibt es diese technische Option. Als Konsument stellt sich hier die Frage: Werden mir dieselben Preise wie anderen Internetnutzern eingeblendet?

Gleich vorweg: Es ist äußerst schwierig, dieses Thema zu erforschen. Bisher gibt es nur wenig Indizien für personalisierte Preise. Im Jahr 2018 haben die italienischen Konsumentenschützer von Altroconsumo ein Mysteryshopping im Bereich Flugreisen und

Hotelbuchung gemacht. Sie fanden Hinweise, die auf personalisierte Preise deuten könnten. Für manche Produkte schwankten die Kosten zum selben Zeitpunkt zwischen 5 und 23 Prozent. Beim Test war ein Flug von Mailand nach London je nach Nutzer um ein gutes Fünftel teurer. Die eine Person bekam den Flug um rund 240 Euro – die andere sollte rund 300 Euro zahlen.[166] Jetzt kann man sagen: rund 60 Euro sind nicht der schlimmste Unterschied. Aber gerade die Flug- und Hotelbranche ist eine, die eindeutig dynamische Preise einsetzt und auch immer wieder unter Verdacht steht, personalisierte Preise zu nutzen.[167] „Generell haben wir die Sorge, dass der Konsument zunehmend in eine schwächere Position gerät – und man vielfach nicht erkennen kann, ob man gerade einen fairen Preis erhält. Es zeichnet sich schon ab, dass der Trend in Richtung personalisierte Preise und personalisierte Angebote geht", sagt Ursula Pachl, die Vize-Generaldirektorin von BEUC, dem Dachverband europäischer Konsumentenschützer.

Forschung ist hier kompliziert. Selbst wenn man nachweisen kann, dass zur selben Zeit unterschiedliche Preise eingeblendet werden, stellt sich die Frage, woran das liegt. Zum Beispiel ist es möglich, dass ein Konsument je nach Surfverhalten im Web unterschiedliche Preise sieht. Auch ist denkbar, dass Benutzer eines iPhones anderes sehen als Benutzer eines Android-Handys. Einfach gesagt: Von außen betrachtet, kann man die Logik von Algorithmen bei Onlinehändlern nur schwer durchblicken. Eine umfassende Studie hierzu führt gerade das Österreichische Institut für Angewandte Telekommunikation (ÖIAT) gemeinsam mit dem Austrian Institute of Technology durch. Getestet werden Waren aus dem Bereich Unterhaltungselektronik und Mode bei großen Onlinehändlern. „Bei allen Produkten verändern sich die Preise zeitlich und es gibt Indikatoren, dass es zu komplexeren Formen der Preisveränderung kommt, womöglich basierend auf Faktoren wie dem Smartphone, das man verwendet. Es ist aber ungeheuer schwierig, genau auszumachen, welche Faktoren jeweils den Preis prägen. Das ist wie ein Nebel, der sich um den Preis hüllt", sagt Louise Horvath,

Projektleiterin beim ÖIAT, ihre Untersuchungsergebnisse sollen Ende 2019 publiziert werden.

Die Europäische Union scheint die technische Möglichkeit, dass Preise je nach Nutzer individuell gestaltet werden, zumindest ernst zu nehmen: Während ich dieses Buch schreibe, wird die Omnibus-Richtlinie verhandelt. Sie könnte eine Passage inkludieren, die Betreiber dazu verpflichtet, dem Kunden offenzulegen, wenn personalisierte Preise eingesetzt werden. Das wäre sicher ein Schritt in die richtige Richtung – aber genau genommen braucht es noch mehr als das. „Personalisierte Preise sind nur ein Teil des Problems: Auch personalisierte Angebote haben einen Einfluss darauf, was Menschen kaufen. Und auch hier bräuchten wir Transparenz und Fairness", meint Konsumentenschützerin Pachl.

Zur Erklärung: Auf einer Webseite spielt nicht nur eine Rolle, welcher Preis einem Konsumenten eingeblendet wird. Wichtig ist auch: Welche Produkte zeigt einem die Plattform überhaupt an? Was sieht man auf der ersten Seite? Und welche Waren sind ganz oben auf Platz 1 oder 2 der eingeblendeten Produkte zu sehen?

Wenn Sie nach einem Hotelzimmer suchen, kann es sein, dass Ihnen an vorderster Stelle hochpreisige Hotels eingeblendet werden und ein anderer User günstige Unterkünfte sieht. Zumindest scheint es so zu sein, dass unterschiedliche Reihungen für unterschiedliche Kunden recht normal sind: Eine Untersuchung im Auftrag der EU-Kommission fand heraus, dass die Mehrzahl der erfassten Onlinehändler eine personalisierte Reihung vornehmen. Wohlgemerkt: Der Preis eines Produkts kann dabei für alle User gleich sein – aber nicht jeder sieht dieselben Produkte auf den ersten Blick.[168] Man kann den aktuellen Wissensstand so zusammenfassen, dass dynamische Preisgestaltung im Netz häufig zu beobachten ist – Preise eines Anbieters schwanken oft. Auf individueller Ebene gibt es nur vereinzelte Belege, dass auch personalisierte Preise eingeblendet werden. Was aber schon deutlich sichtbarer ist, ist eine personalisierte Reihung – also dass unterschiedliche Kunden unterschiedliche Empfehlungen als Erstes sehen. Auch hier besteht die Gefahr sogenannter Hypernudges, bei denen Kunden ganz subtil über die Information, die ihnen eingeblendet wird, in die gewünschte Richtung gelenkt werden.

Eines ist offensichtlich: Einkaufen wird deutlich komplexer in Zeiten der Algorithmen – und es handelt sich um eine Streitfrage, ob das gut oder schlecht ist. Die gängige ökonomische Theorie findet personalisierte Preise sogar eine gute Sache. Die Idee dahinter ist, dass ein effizienterer Markt entsteht, wenn jeder Konsument den Preis zahlt, den er bereit ist zu zahlen. Statt Produkte gleich teuer für alle zu machen, beispielsweise 750 Euro für ein Handy zu verlangen, könnte eine reiche Person 1000 Euro für das Handy zahlen und eine ärmere Person 500 Euro. In der Theorie spart sich der Arme Geld und der Reiche gibt Geld aus, das ihm nicht fehlt. Konsumentenschützer jedoch hegen große Zweifel an dieser Logik. Eine Sorge ist, dass in einem solchen System Preise im Grunde vor allem teurer werden, weil sie weniger transparent sind. Und dass „gefährdete Konsumentengruppen", also ökonomisch schwächer gestellte Personen, besonders unter dieser Entwicklung leiden. „Je undurchsichtiger die Preisgestaltung wird, desto mehr sehen wir die Gefahr, dass viele Kunden am Ende draufzahlen", sagt Verbraucherschützerin Pachl.

Wenn Konsumenten direkt danach gefragt werden, scheinen personalisierte Preise keine beliebte Idee zu sein. Die University of Pennsylvania hat schon vor mehr als zehn Jahren 1500 Amerikaner gefragt, was sie davon halten, wenn Läden basierend auf persönlicher Information unterschiedliche Preise festsetzen. Fast neun von zehn Amerikanern lehnten das ab.[169]

Allerdings gibt es vereinzelt Bereiche, wo personalisierte Preise basierend auf Datenmassen zunehmend zur Normalität werden: Speziell am Versicherungsmarkt. Vielleicht kennen Sie diese Angebote: Man kann für sein Auto Telematik-Versicherungen abschließen. Das eigene Smartphone oder im Wagen eingebaute Technik zeichnen dann jegliches Fahr- und Bremsverhalten auf sowie beispielsweise die Uhrzeiten, wann man unterwegs ist. Und wer selten abrupt abbremst oder nie spätnachts unterwegs ist, bekommt einen Rabatt auf seine Kfz-Versicherung.[170]

„Solange es nur um das Autofahren geht, halte ich solche Versicherungen für weniger problematisch – nur eine Sorge habe ich schon: Wenn Menschen gewohnt sind, dass ihr Fahrverhalten bis ins letzte Detail überwacht wird, trägt das womöglich zur Normalisierung bei. Sodass sich Menschen auch in anderen Bereichen des Lebens daran gewöhnen, von der Versicherung überwacht zu werden", sagt der Datenexperte Wolfie Christl, Leiter des Instituts Cracked Labs. Im Gesundheitsbereich gibt es mittlerweile – auch in Europa – ähnliche Ansätze der Vermessung. In Deutschland und Österreich kooperiert die Generali-Versicherung mit einem südafrikanischen Dienst namens Vitality. Das Prinzip ist simpel: Wer zum Beispiel eine Erwerbsunfähigkeitsversicherung hat, kann sich auch beim Zusatzprogramm Vitality anmelden. Man trägt dann möglicherweise einen Fitness-Tracker und lässt messen, wie viel Sport man macht, wie viele Schritte man am Tag geht. Wer besonders aktiv ist, bekommt mehr Punkte – und am Ende des Jahres potenziell einen Teil seiner Versicherungssumme zurück.[171] Außerdem gibt es Rabatte bei Onlinehändlern oder bei der Urlaubsbuchung.

Da stellt sich die Frage: Was ist so schlimm an einem solchen Angebot? Es ist doch toll, wenn man sportlich ist und dafür belohnt wird. Und aus Sicht des Anbieters ist es auch sinnvoll, dass man die eigenen Kunden zu einem gesunden Lebensstil (und weniger Kosten für die Versicherung) motiviert. „Ja. Wer eine gute Gesundheit hat, sehr sportlich ist, wird womöglich gern an so etwas teilnehmen – denn man erhält ökonomische Vorteile. Doch was für die einen Kunden eine Belohnung ist, ist für die anderen eine Bestrafung: Wer benachteiligt ist, wer gesundheitlich angeschlagen ist, der wird von diesem Programm nicht profitieren. Die Gefahr ist, dass irgendwann die Ungesunden oder weniger Sportlichen nur deutlich schlechtere Versicherungskonditionen bekommen. Und ein solches System widerspricht dem Versicherungsgedanken – also dass Risiken kollektiv abgefangen werden. Wir sehen zunehmend, dass Risiken individualisiert, also an den Einzelnen ausgelagert werden", sagt Wolfie Christl.

Viel umfassender ist die Situation in den USA. Im Bundesstaat New York dürfen Versicherungen mittlerweile die Social-Media-Profile ihrer Kunden auswerten – das beschloss die zuständige Behörde Anfang 2019. Was Amerikaner online posten, kann demnach beeinflussen, welches Angebot sie für eine Lebensversicherung erhalten. Als dies bekannt wurde, publizierte das *Wall Street Journal* eine Liste von Tipps, die Amerikaner mit Blick auf ihre Versicherung befolgen können. Darunter Punkte wie: „Posten Sie keine Fotos, auf denen Sie rauchen, auf sozialen Medien." Oder: „Posten Sie Fotos von sich, wie Sie laufen gehen." Und: „Gefährlichere Sportarten wie Fallschirmspringen könnten die Situation kompliziert machen."[172]

In Europa ist es derzeit schwer vorstellbar, dass Versicherungen auch die Facebook- oder Instagram-Profile ihrer Kunden durchleuchten. Meines Erachtens ist das gut so. Aber Beispiele wie dieses illustrieren Folgendes: Wir müssen dringend darüber reden, welche Formen der Personalisierung wir nicht wollen. Im Grunde geht es hier um eine simple Erkenntnis: Die Digitalisierung ermöglicht es, die Auswahl von Information oder auch preisliche Angebote ganz auf den einzelnen Nutzer auszurichten. Wir sehen Personalisierung häufig als etwas Praktisches, als etwas Hilfreiches an, weil nicht alle Menschen in einen Topf geworfen werden. Eine Stärke moderner Technik ist, dass sie selbst kleinste Unterschiede im Nutzungsverhalten erfassen kann. Doch hier stellt sich schon auch die Frage, ab wann Personalisierung nicht mehr positiv ist – wo wir zum Beispiel als Konsumenten alle gleich behandelt werden wollen. Das Problem ist einmal mehr nicht unbedingt die Technik an sich, sondern eine fehlende Debatte, in welcher Weise mächtige neue Technik dann im Alltag eingesetzt wird.

10. STAATEN ALS KOMPLIZEN

Man kann dies als fragwürdigen Trend deuten: Staaten lagern Teile ihrer Aufgaben an Digitalkonzerne aus, die mit günstigen Angeboten hervorstechen – und dann von den gesammelten Daten profitieren.

Wir stehen an einem Scheideweg: Es ist möglich, dass Europa einige seiner Ideale hochhält – dass Bürgerrechte, Konsumentenrechte, auch das Recht auf Privatsphäre auf unserem Kontinent verteidigt werden. Will man diesen Weg einschlagen, wird es notwendig sein, die Geschäftsmodelle und die Marktmacht der digitalen Riesen kritisch zu beäugen und manchmal Sanktionen zu setzen – etwa wenn ein dominanter Konzern seine Marktmacht missbraucht. Die eine Möglichkeit ist also, dass Europa diesen Pfad einschlägt. Möglich ist aber auch, dass Europa in eine andere Richtung geht. Es ist durchaus denkbar, dass europäische Staaten klein beigeben, dass sie ihre Bürger und deren Daten an große Digitalkonzerne sogar ausliefern. Im schlimmsten Fall treten europäische Staaten und ihre öffentlichen Organe nicht als Schutzherr von Bürgerrechten auf, sondern setzen sich über die schutzwürdigen Interessen ihrer Bevölkerung hinweg. Tatsächlich gibt es auch Anzeichen, dass das passieren kann.

Nehmen Sie Großbritannien: Das staatliche Gesundheitssystem heißt dort National Health Service. Das Gesundheitssystem ist stark in regionale Einheiten unterteilt, sogenannte Trusts. Im Jahr 2015 passierte es, dass ein Trust des staatlichen Gesundheitssystems die höchst sensiblen medizinischen Daten von 1,6 Millionen Briten an eine Schwesterfirma Googles weitergab. Das Unternehmen DeepMind, das zum Konzern Alphabet gehört, erhielt diese Daten – übrigens ohne Anonymisierung. Die Namen von jedem Patienten sind im Datensatz nachlesbar und jede Behandlung und jede Diagnose, die dieser Patient in den vergangenen fünf Jahren erhielt, ist ebenfalls abgespeichert. Das inkludiert, wer HIV-positiv ist, wer eine Abtreibung hatte, wer wegen einer Überdosis behandelt werden musste. Informationen, die Briten im Vertrauen ihren Ärztinnen und Ärzten, dem staatlichen Gesundheitssystem mitgeteilt hatten, erhielt nun ein Unternehmen aus dem Google-Imperium.

Das Schlimmste daran ist: Als diese Daten ab November 2015 übertragen wurden, wusste die Öffentlichkeit nichts davon. Weder wurden die betroffenen Patienten zuvor informiert oder um ihre Zustimmung ersucht, noch wurde diese Kooperation öffentlich bekannt gegeben, als sie begann.[173] Erst Monate später gab es eine fröhlich klingende Pressemeldung zu der Zusammenarbeit – die aber wesentliche Informationen, wie das Ausmaß der übertragenen Daten, nicht enthielt.[174] „Das war ein Deal im Hinterzimmer. Das Ganze passierte, ohne mit den Patientenvertretern zu sprechen. Dabei gibt es in Großbritannien eigentlich ein klares System, dass beispielsweise auch Patientenvertreter mitreden können, was mit ihren Daten untersucht wird", sagt die Politologin Barbara Prainsack, die lange in Großbritannien lebte und am King's College in London lehrte, mittlerweile forscht sie an der Universität Wien.

Diese Kooperation wurde den Bürgern gegenüber damit erklärt, dass das Alphabet-Tochterunternehmen DeepMind eine App für das britische Gesundheitssystem entwickle. Diese App gibt es mittlerweile: Sie heißt Streams und warnt Ärzte bei akutem Nierenversagen, wenn der Bluttest eines Patienten auf diese Gefahr hindeutet. Die App ist durchaus sinnvoll, warf aber Fragen auf: Mussten für die Entwicklung einer solchen App wirklich so viele Daten fließen? Noch dazu: Musste ausgerechnet ein Unternehmen aus dem Imperium rund um die Suchmaschine Google diesen Auftrag erhalten? Konkret wurden auch die Gesundheitsdaten von Patienten weitergereicht, die weder Nierenprobleme noch relevante Daten zu dieser Thematik beizusteuern hatten. „Ein zentrales Problem dieser ersten Abmachung war, dass die Datennutzung nicht auf die Produktion der App beschränkt war, DeepMind durfte die Daten auch für eigene Zwecke nutzen", sagt Prainsack.

Diese Kooperation wurde später mit einem anderen Vertrag verlängert – in adaptierter Form besteht sie bis heute und ist bis heute umstritten. Beim Aufarbeiten dieser Affäre spielte unabhängiger Journalismus eine große Rolle: Dass 1,6 Millionen Bürger betroffen sind, erfuhr die Öffentlichkeit erst, als die Fachzeitschrift *New Scientist* dies aufdeckte.[175]

Rechtmäßig war das nicht: Im Jahr 2017 entschied die Datenschutzbeauftragte Großbritanniens, dass die Weitergabe dieser

Daten gegen das britische Gesetz verstieß. Das staatliche Gesundheitssystem hätte dies so nicht tun dürfen – als Patient habe man nicht davon ausgehen können, dass Derartiges mit den eigenen Daten passiert.

Dieser Vorfall in Großbritannien ist ein mahnendes Beispiel dafür, dass auch in Europa fragwürdige Kooperationen zwischen privatwirtschaftlich orientierten Digitalkonzernen und einzelnen Staaten stattfinden können. „Solche umstrittenen Kooperationen kommen aber nicht aus dem Nichts. Man muss wissen, dass in den Jahren zuvor der National Health Service kaputtgespart wurde", sagt Barbara Prainsack. Eine besondere Gefahr besteht darin, dass der Spardruck öffentliche Einrichtungen umso mehr antreibt, umstrittene Deals mit Digitalunternehmen einzugehen – die es sich auch leisten können, recht günstig ihre Dienste anzubieten (und dafür dann staatliche Daten erhalten).

Google wurde durch die britische Kooperation offensichtlich gestärkt. Mittlerweile ist das so entstandene Programm Streams sogar Teil von Google. Denn jene Subeinheit von DeepMind, die Streams entwickelte und über dieses Wissen verfügt, wurde konzernintern zu Google verschoben. In einem Blogeintrag kündigte das Unternehmen an, dass es diese Gesundheits-App künftig weltweit verbreiten will.[176] Die britische Kooperation hat also ausgerechnet einen Digitalkonzern gestärkt, der bereits Marktführer auf dem Gebiet der Suchmaschinen und der Handy-Betriebssysteme ist. Nun konnte Google auch noch auf dem Feld der medizinischen Dienstleistungen dazulernen.

Das Beispiel stellt ein Worst-Case-Szenario dar, wie achtlos staatliche Einrichtungen mit den ihnen anvertrauten Daten umgehen können. In kleinerem Ausmaß gibt es aber viele Kooperationen mit Digitalriesen, bei denen man hinterfragen kann: Ist es sinnvoll, dass ausgerechnet einem so dominanten Marktführer Datenschätze anvertraut werden? Ein Beispiel aus Österreich: Die Nationalbibliothek ist die wichtigste bibliothekarische Einrichtung des Landes, sie umfasst neben modernen Werken auch historische Druckschriften sowie die ehemalige Hofbibliothek der Habsburger und damit höchst wertvolle antiquarische Bücher. Im Jahr 2010 wurde eine Zusammenarbeit mit Google bekannt gegeben. Historische Bücher werden vom Digitalkonzern eingescannt. Mittlerweile hat Google rund 600 000 historische Werke mit insgesamt 200 Millionen Seiten digitalisiert – darunter auch jene wertvollen Bücher, die sich im Prunksaal der Bibliothek befinden.[177]

Das Ziel ist ehrenwert: Es geht darum, Wissen für die Nachwelt zu bewahren – ab und zu kommt es zu Bränden in Bibliotheken und zur Zerstörung einzigartiger historischer Dokumente. Ich halte es für sehr verantwortungsvoll, dass die österreichische Nationalbibliothek sicherstellen will, dass dieser Informationsschatz nicht verlorengeht. Und man kann sagen, es ist hilfreich, dass Google weltweit namhaften Bibliotheken anbietet, ihre Bücher gratis einzuscannen. Eine Kopie liegt in diesem Fall bei der Bibliothek, sie kann diese Daten auch weitergeben, und eine Kopie der Werke besitzt nun auch Google. Dabei sollte man aber nicht ganz die ökonomische Komponente aus den Augen lassen: 2010 erklärte die Nationalbibliothek diese Kooperation auch damit, dass sie das Einscannen ihrer alten Bücher 30 Millionen Euro kosten würde – ein Betrag, den die Bibliothek nicht zur Verfügung hatte.

Wie eine Recherche von mir damals in der Wochenzeitung *Falter* zeigte, hatte die österreichische Regierung anscheinend abgelehnt, aus öffentlichen Geldern die Digitalisierung des antiquarischen Buchbestands zu finanzieren.[178] Also ging man das günstige Angebot mit Google ein. Diese Kooperation wird oft als fruchtbare Kooperation, als Win-Win-Situation gesehen: Die öffentliche Hand musste nicht Geld für das umständliche Einscannen ihrer wertvollen Bücher ausgeben und Google profitiert davon, dass es auf books.google.com diese historischen Werke für alle herzeigen kann. Aber ich bin skeptisch: Österreich hat seinen Bücherschatz ausgerechnet dem digitalen Marktführer zur Verfügung gestellt – ich finde es eher tragisch, dass solche Digitalisierungstätigkeiten anscheinend nicht als öffentlicher

Auftrag verstanden werden, sondern als etwas, das man Google überlassen kann.

Wohlgemerkt: Diese Bibliotheks-Digitalisierung ist ein harmloses Beispiel verglichen mit dem Vorfall in Großbritannien – es geht hier lediglich um alte Bücher, nicht um Millionen von Gesundheitsdaten. Aber man kann dies insgesamt als fragwürdigen Trend deuten: Staaten lagern Teile ihrer Aufgaben an Digitalkonzerne aus, die mit günstigen Angeboten hervorstechen – und dann von den gesammelten Daten profitieren.

In diesem Kapitel werde ich zwei Aspekte beleuchten: Erstens werde ich beschreiben, wie in Europa oder auch in den USA die öffentliche Hand teils umstrittene Deals mit Digitalunternehmen eingeht. Und zweitens werde ich auch einen Blick auf China werfen, wo der Staat die Kontrolle über die Digitalwirtschaft hat und diese aus europäischer Sicht oftmals dystopisch anwendet. Die entscheidende Frage lautet: Wie kann es uns gelingen, einen modernen, durchaus digital orientierten Staat zu entwickeln, der aber gleichzeitig Bürgerrechte wertschätzt und transparent gegenüber der Bevölkerung auftritt?

Die Intransparenz bei Kooperationen zwischen öffentlicher Hand und Digitalunternehmen ist ein wiederkehrendes Problem. Besonders geheimnisvoll sind die Aktivitäten des Technologieunternehmens Palantir, das unter anderem Peter Thiel gründete (zur Erinnerung: Das ist jener Investor, der für den Aufstieg von Monopolen ist, wie ich in Kapitel 4 beschrieb). Palantir ist auf Datenanalysen spezialisiert und arbeitet oft mit Einrichtungen aus dem Finanzsektor, dem Militär, der Polizei und Geheimdiensten zusammen. Im Fantasyroman *Herr der Ringe* ist ein Palantír eine Kristallkugel, mit der man in ferne Regionen blicken kann. Der Name allein suggeriert also schon, dass dieser Betreiber angeblich tiefe Einblicke hat.

Während Palantir das Leben von Menschen durchleuchtet, ist es selbst ein Unternehmen, das sehr verschwiegen agiert: Besonders intransparent war eine Kooperation mit der Stadt New Orleans

– diese Abmachung war so unbekannt, dass selbst Mitglieder des Stadtrats nichts davon wussten. Ab Januar 2013 hatte Palantir für New Orleans eine Software entwickelt, die der Polizei helfen sollte vorherzusagen, welche Bürger am ehesten eine Straftat begehen würden und wer am ehesten Opfer einer Straftat werden würde. „Predictive Policing" nennt sich das, wenn die Polizei mittels Computerprogrammen solche Zukunftsvorhersagen erstellt.

Palantir hatte anscheinend die Möglichkeit, diese Software zu entwickeln, weil die Stadt New Orleans dem Unternehmen Unmengen an Daten zur Verfügung stellte – darunter Unterlagen der Polizei, Telefondaten aus Gefängnissen, Daten über Bewährungsstrafen sowie Gerichtsdaten, Wohnadressen, Telefonnummern und Einträge in sozialen Medien. Mit dieser Information kalkulierte die Software, wer angeblich mit hoher Wahrscheinlichkeit eine Straftat begehen würde oder wer wahrscheinlich Mitglied einer Gang sei. Der Einsatz der Software führte sogar zu Verhaftungen und letztlich zu Verurteilungen. Aus juristischer Sicht ist das durchaus fragwürdig, weil weder Angeklagte noch Richter von der Software wussten. Und an sich bauen moderne Gerichtssysteme schon auf dem Grundsatz auf, dass die Methoden der Polizeiarbeit nachvollziehbar sind.

Dass weder die Öffentlichkeit noch Teile der Stadtpolitik darüber informiert waren, liegt an zwei Besonderheiten: Erstens hat Palantir die Entwicklung der Software und die Kooperation als karitative Tätigkeit verbucht, es floss also kein Geld (nur Daten). Zweitens hat der Bürgermeister in New Orleans weitreichende Befugnisse, und da keine Kosten entstanden, musste er die Datenweitergabe nicht melden. Das Ganze wurde erst bekannt, als es das Onlinemedium *The Verge* im Jahr 2018 aufdeckte.[179] Kurz nach dem Bericht gab das Büro des Bürgermeisters bekannt, die Kooperation mit Palantir nicht mehr zu verlängern.[180]

Nur stellen Sie sich vor, was das Ganze bedeutet: Menschen wurden von der Polizei verdächtigt, sind sogar vor Gericht gelandet. Und ihnen wurde die Information vorenthalten, dass eine Software sie in den Fokus der Ermittler rückte.

Auch beim hessischen Staatsschutz kommt eine Software Palantirs namens Gotham zum Einsatz. Dieses Programm wurde dafür entwickelt, viele unterschiedliche Datenquellen zusammenzuführen und so Rückschlüsse zu bieten. Die Polizei in Hessen nutzt die Software beim Überwachen potenzieller Terroristen – Hessendata heißt die für das Bundesland entwickelte Version. Die Software kann Polizeidatenbanken, Verbindungsdaten aus der Telefonüberwachung sowie Facebook-Daten von Verdächtigen verknüpfen, berichtet die *Süddeutsche Zeitung*.[181] Die Polizeigewerkschaft ruft bereits danach, diese Software auch zur Überwachung von Wohnungseinbrüchen und Rauschgiftkriminalität einzusetzen.[182] Laut dem hessischen Koalitionsabkommen von CDU und Grünen denkt die Landesregierung anscheinend ebenfalls über einen Ausbau der Einsatzmöglichkeiten dieser Software nach.[183]

Ermittler loben das Programm übrigens. Dieses scheint so praktisch bedienbar zu sein, wie man das von vielen gut designten Silicon-Valley-Anwendungen gewohnt ist – nur dass in diesem Fall nicht irgendwelche frei verfügbaren Informationen hübsch aufbereitet werden, sondern höchst sensible Daten, von Bewegungsprotokollen Verdächtiger bis zur Information über jedes ihrer Telefonate. Nicht so durchleuchtbar ist der Deal hingegen für die Öffentlichkeit. Der Kaufpreis bleibt geheim, in den Unterlagen ist er nur mit 0,01 Euro angeführt. Die hessische Politik beruft sich hier auf „Sicherheitsinteressen". Die Opposition kritisiert, dass Hessen die Software in einem Eilverfahren bezog – einzig und allein Palantirs Programm wurde näher in Betrachtung gezogen.[184] Auch ist bekannt, dass die CIA einer der frühen Investoren Palantirs war – woraufhin die hessische Opposition Zweifel anmeldete, ob Daten dieser Software bei US-Geheimdiensten landen könnten (die Polizei verneint dies und argumentiert, die Daten liegen auf hessischen Servern).[185] Schließlich führten diese Zweifel zu einem Untersuchungsausschuss in Hessen, der wenig zutage brachte.[186] So drastisch wie in New Orleans ist das Ganze wohl eher nicht, aber man kann sagen, dass die Geheimniskrämerei rund um Palantir viele Fragen offenlässt.

Ich halte es für ein ernsthaftes Problem, wie wenig wir über manche Software-Anschaffungen von Behörden wissen. Ein Beispiel aus Österreich: Im Frühjahr 2019 gab die Polizei bekannt, dass sie bis Ende des Jahres Gesichtserkennungssoftware einsetzen will. Wenn eine Straftat passiert und vom Ort des Geschehens eine Videoaufnahme existiert, soll eine Software dieses Material auswerten und Verdächtige identifizieren können (indem sie das Video mit der Bilddatenbank der Polizei vergleicht). Etliche Journalisten – darunter auch ich – haben den Sprecher des Bundeskriminalamts damals gefragt, wie viel Geld für diese Software fließt und welcher Hersteller denn dieses Computerprogramm entwickelt hat. Keine Angabe. Erklärt wurde mir dies mit den Worten: „Wir wollen keine Werbung für den Anbieter machen". Erst eine parlamentarische Anfrage und eine Anfrage nach dem Auskunftspflichtgesetz ergaben, dass Software vom deutschen Hersteller Cognitec Systems gekauft wurde für fast 450 000 Euro.[187] [188]

Dass digitale Deals ohne öffentliche Debatte abgeschlossen werden und teilweise gar im Dunklen bleiben, ist problematisch, weil unsere Demokratie nicht auf dem Grundsatz des blinden Vertrauens, sondern auf Kontrolle aufbaut, beispielsweise durch Medien und letztlich dem Wahlverhalten von Bürgern. Zwar werden Technologieunternehmen von Staaten beauftragt, Einblick in die Daten von Bürgern zu nehmen oder Software für diesen Zweck zu liefern; der Bürger hat jedoch oft wenig Einblick, was solche Software genau macht, was sie kostet oder wer sie liefert. Auch hier zeigt sich wieder eine Informationsasymmetrie zwischen Bürgern und Digitalunternehmen sowie in diesem Fall dem Staat. Entspricht das wirklich unserem Verständnis von Demokratie?

Gerade Europa hätte die Chance, mit digitaler Transparenz aufzufallen. Wir rühmen uns ja gerne damit, streng beim Datenschutz zu sein oder stärker als die USA am Konzept der Privatsphäre festzuhalten. Nur in manchen Fällen wird Europa seinem Selbstbild nicht ganz gerecht – gerade Polizeibehörden scheinen oft sehr interessiert daran, ihre Datenmacht stärker nutzen zu können. Außerdem ist es aus Sicht mancher Ermittler oder Geheimdienste ja auch sehr praktisch, dass Bürger privaten Diensten so viel Information über sich anvertrauen, dass sie Mikrofone in ihre Wohnung stellen (um mit Alexa sprechen zu können) oder dass sie ihr Handy permanent mit sich herumtragen. In einigen Fällen wollen Behörden solche Daten dann im Verdachtsfall ebenfalls nutzen können.[189] Das heißt, ein indirekter Profiteur des Überwachungskapitalismus können durchaus auch staatliche Ermittler sein. Problematisch ist staatliche Überwachung meines Erachtens dann, wenn eine strenge Kontrolle fehlt – wenn Polizisten zum Beispiel gar keine richterliche Erlaubnis mehr benötigen, um den Standort eines Handys abzufragen.

Die entscheidende Frage lautet: Wie sehr verteidigen europäische Staaten Bürgerrechte – oder wie sehr missachten sie diese selbst oder gehen Kooperationen ein, bei denen höchst sensible Daten mit digitalen Anbietern geteilt werden? Staaten können hier sowohl als Verteidiger von bürgerlichen Rechten auftreten als auch als deren Gefährder. Ich glaube: Eine der wichtigsten Aufgaben der nächsten Jahre wird sein, einzufordern, dass unsere Staaten und die Europäische Union die Bürgerinteressen schützen. Ich denke, wir können mit gutem Recht ein Europa verlangen, das klarer definiert, welche Bürgerrechte es in digitalen Zeiten geben muss.

Im Rahmen des Internet Governance Forums 2018 in Paris sagte Frankreichs Präsident Emmanuel Macron: „Wir sehen zwei Typen des Internets entstehen (…), da gibt es die kalifornische Form des Internets und ein chinesisches Internet. Das erste ist die dominante Variante eines Internets, das angetrieben wird von starken, dominanten, globalen privaten Akteuren, die bisher beeindruckende Stakeholder in dieser Entwicklung waren, die großartige Qualitäten besitzen und mit denen wir zusammenarbeiten, aber die am Ende des Tages nicht demokratisch gewählt sind. Ich persönlich möchte denen nicht all meine Entscheidungen überlassen – und das ist auch nicht die Abmachung, die ich mit Frankreichs Bürgern habe. Es handelt sich hier um das Modell des Selbstmanagements, das aber nicht wirklich über Kontrolle verfügt und nicht demokratisch ist.

Auf der anderen Seite gibt es jenes System, in dem Regierungen eine starke Rolle einnehmen. Das ist das Internet im chinesischen Stil – ein Internet, in dem die Regierung die Innovation antreibt und kontrolliert, in dem zentrale Akteure der künstlichen Intelligenz von der Regierung gehalten werden (…). Ich habe großen Respekt vor China, großen Respekt. Wir machen viel mit China, aber wir haben nicht dieselben demokratischen Präferenzen, wir haben nicht dieselben kulturellen Referenzen bei allen Themen, wir haben nicht dieselbe Beziehung zu individuellen Freiheiten – das ist die Realität. In diesem Internet hat der Staat seinen Platz gefunden, aber es ist ein hegemonialer. Deswegen müssen wir – mittels Regulierung – einen neuen Pfad errichten, auf dem Regierungen gemeinsam mit Internetakteuren und der Zivilgesellschaft und allen anderen in der Lage sind, angemessene Vorgaben zu machen."[190]

Macron schlägt also vor, dass Europa eine dritte Variante des Internets ermöglichen soll – eine, in dem Digitalkonzerne stärker reguliert sind als in den USA und in dem Bürgerrechte mehr zählen als in China. Das ist schon ein interessanter Gedanke. Wobei die zentrale Frage ist: Was könnte ein europäisches Internet auszeichnen? Ein paar Vorschläge dazu werde ich in Kapitel 13 liefern. Wesentlich ist jedenfalls die Beobachtung, dass es derzeit vorrangig zwei Ausprägungen des Internets gibt. Das amerikanische, das wir Europäer mitbenutzen. Und das chinesische, in dem der Staat enge Vorgaben macht. Die Schattenseiten amerikanischer Digitalunternehmen – zumindest derzeitiger Marktführer – habe ich breit diskutiert. Kurz möchte ich noch einen Einblick in die chinesische Ausprägung geben. Dieses Land macht deutlich, wie eine andere Version des Internets aussehen kann, die aus europäischer Sicht wenig wünschenswert erscheint.

Was die Netzpolitik betrifft, machte China jahrelang vor allem mit seiner Zensur Schlagzeilen – der „Great Firewall of China". Massenweise sperren staatliche Zensoren kritische Webseiten oder ausländische Dienste. Wenn Sie in China sind, wird Ihr Smartphone in vielerlei Hinsicht unbrauchbar sein, weil einige der meistgenutzten

Dienste (die Google-Suche, Gmail, Facebook, Instagram, WhatsApp et cetera) oft blockiert sind. Will man Google oder Instagram aufrufen, kommt einfach nichts. Es gibt technische Möglichkeiten, diese Zensur zu umgehen, aber im Wesentlichen gelang es China mit dem Blockieren, die Bevölkerung von einigen amerikanischen Digitalriesen abzuschotten und stattdessen eigene Digitalriesen heranwachsen zu lassen, die für das wirtschaftliche Überleben ihre gute Beziehung mit dem chinesischen Staat pflegen müssen. Das chinesische Parallelinternet inkludiert beispielsweise die Suchmaschine Baidu, das soziale Medium WeChat, das eine Vielzahl von Funktionen erfüllt, oder die Onlinehandelsplattform Alibaba, dem weltweit ernsthaftesten Konkurrenten Amazons. Wenn man Bürgerrechtsfragen ausblendet, kann man natürlich sagen, dass es China als einzigem Staat gelungen ist, eigene mächtige Dienste hervorzubringen. Nur sollte man bitte nicht vergessen, dass das chinesische Internet möglich wurde, weil die Wahlfreiheit der Bürger massiv eingeschränkt ist. In den vergangenen Jahren hat die Kritik an Chinas Digitalstrategie noch deutlich zugenommen – vor allem wegen des „Social-Credit-Systems".

Dieses System wird oft damit beschrieben, dass jeder Chinese für sein Verhalten Pluspunkte oder Minuspunkte bekommt – und diese Punktezahl soll ausdrücken, wie sehr einen der Staat als vertrauenswürdig einstuft. Auch heißt es oft, bis 2020 soll dieses System in ganz China umgesetzt sein. Das Wichtigste vorweg: Das Social-Credit-System ist noch nicht so landesweit fortgeschritten, wie es häufig dargestellt wird. Das erklärte mir der Forscher Rogier Creemers von der Universität Leiden.[191] „Diese Idee, dass bis 2020 jeder chinesische Bürger eine individuelle Punktezahl haben wird, ist Unsinn", sagt er. Man solle sich das Social-Credit-System eher als „System der Systeme" vorstellen, als Netz aus unterschiedlichen Initiativen sowohl auf staatlicher, regionaler oder auch privatwirtschaftlicher Ebene. Der Grundgedanke sei auch nicht der Ausbau von Technologie, sondern eine stärkere Verfolgbarkeit innerhalb des Landes: „China ist riesig und ein Problem ist, dass viele der

Informationen, die über unterschiedliche Regierungseinheiten oder übers Land hinweg verstreut sind, nicht gut zirkulieren. Wenn Sie in einer Provinz für etwas verurteilt worden sind, und Sie begehen in einer anderen Provinz dieselbe Straftat nochmal, kann es sein, dass die dortige Provinz nicht so leicht über Ihr vorheriges Vergehen informiert ist. Aber es gibt diese Idee, dass die Strafe höher sein soll, wenn man mehrfach dieselbe Straftat verübt", sagt Creemers. In der Bevölkerung würden viele gar nichts vom Social-Credit-System wissen – oder diese Ansätze zum Teil sogar gut finden. „China ist zum jetzigen Zeitpunkt eine Gesellschaft mit sehr niedrigem Vertrauen – und wie ändert man das? Aus chinesischer Perspektive ist die Antwort das Social-Credit-System", meint Creemers.

In China wird das Social-Credit-System damit gerechtfertigt, dass es der allgemeinen Sicherheit diene. Zum Beispiel gab es 2008 den Milchskandal, der weltweit Schlagzeilen machte und bei dem gepanschte Milchprodukte auf den Markt kamen, die für Säuglinge tödlich sein konnten. Das Social-Credit-System wird als Maßnahme öffentlich legitimiert, die dazu dient, betrügerische Akteure konsequenter zu bestrafen. Ein Teil der Ansätze (aber nicht alle) arbeitet mit moderner Technologie. Nehmen wir den Straßenverkehr: Sehr bekannt ist zum Beispiel, dass in einigen Städten Chinas Kameras bei den Ampeln hängen. Geht ein Fußgänger bei Rot über die Straße, filmt die Kamera das. Mittels Gesichtserkennung analysiert die Software, welcher Bürger das ist. Mitunter gibt es vor Ort eine „Wall of Shame", einen Bildschirm, auf dem die Gesichter von Menschen zur Schau gestellt werden, die bei Rot über die Straße gingen. Es kann sogar sein, dass einem vom Handy eine Strafe für das Verkehrsvergehen abgebucht wird. Zur Erklärung: In China passieren viele Zahlungen über das soziale Medium WeChat.

Gegenüber dem Wirtschaftsmedium *Bloomberg* erzählt der ausländische Marketingfachmann Frederick Bravey, der in China arbeitet, eine aufschlussreiche Geschichte: „Ich ging bei Rot über die Straße. Und plötzlich bekomme ich eine Strafe auf WeChat. Es war vermutlich 20 Sekunden später. Ich hatte Geld auf dem Konto

– und es wurde mir einfach automatisch abgebucht."[192] Der Staat kann also direkt Geld von WeChat-Konten abbuchen. Man erahnt hier, wie eng die Behörden mit einigen Plattformen zusammenarbeiten. Und dass Frederick Bravey auch von der Kamera erkannt wurde, zeigt, dass der Staat ebenfalls die Gesichter von Ausländern identifizieren kann. Diese Fußgängerüberwachung ist aber längst nicht die umstrittenste Facette des Social-Credit-Systems. In China gibt es auch Sperrlisten – wer gegen das Gesetz verstößt und beispielsweise seine Geldstrafe nicht zahlt, wird von gewissen Tätigkeiten ausgeschlossen. Solche Bürger kommen auf eine Sperrliste und dürfen kein Flugzeug benutzen, nicht in Hochgeschwindigkeitszügen fahren und in anderen Zügen nicht die erste Klasse benutzen. „Solche Sperrlisten gab es schon früher – aber das Social-Credit-System fügt eine neue Ebene der Durchsetzbarkeit hinzu", sagt Creemers.

Einen landesweiten Credit-Score, der die Vertrauenswürdigkeit aller Chinesen einstuft, gibt es bisher nicht – aber in einzelnen Regionen und bei einzelnen Privatanbietern existiert derartiges Scoring. Der Konzern Alibaba berechnet für jeden Kunden eine Zahl, eine Art Bonitätseinstufung, die aber nicht nur die Zahlungszuverlässigkeit und das Shoppingverhalten analysiert, sondern auch das soziale Verhalten eines Kunden, etwa, wie viele Onlinefreunde man hat. Alibabas System heißt „Sesame Credit" – und es ist äußerst intransparent, welche Faktoren diese Software berücksichtigt.[193] Man muss grundsätzlich anmerken: Was wir Europäer unter Datenschutz oder Konsumentenrechten verstehen, zählt in China offensichtlich nicht. Creemers sagt: „Da China ein leninistisches System ist, gibt es nicht diese Idee, dass der Staat darin begrenzt sein sollte, was er mit seinen Bürgern tun kann – inklusive ihrer Information. Ein Unterschied zu uns ist zweitens: Das chinesische Wort für Privatsphäre stammt im Grunde von einem Begriff, der in etwa ‚schmutzige Geheimnisse' bedeutet – etwas, das man lieber für sich behält. Das ist grundlegend anders bei uns, wo Menschen von einem Anspruch auf Privatheit ausgehen." Creemers ist der Ansicht: Das

Social-Credit-System ist nicht das zentrale Tool der chinesischen Überwachung – es gibt neben diesen umfassenden Bestrebungen noch andere Programme der staatlichen Kontrolle.

Am extremsten treffen diese die muslimische uigurische Minderheit, die vom Staat unterdrückt wird und ganz offensichtlich auch als Testfeld genutzt wird, bei dem China neue Formen technologischer Überwachung ausprobiert. Historisch gesehen sind die Uiguren der chinesischen Führung ein Dorn im Auge, weil es sowohl in den 1930er-Jahren als auch in den 1940er-Jahren eine eigene Republik Ostturkestan gab, die dann von China einverleibt wurde.[194] Der asiatische Staat versucht anscheinend, die Identität der Uiguren zu unterdrücken und eine Zwangssinisierung durchzuführen. China geht so weit, einige Uiguren in Umerziehungslagern einzusperren.[195] Aber auch jene auf freiem Fuß sind nur teilweise frei. Uigurische Wohngegenden sind mit behördlichen Videokameras und Checkpoints übersät. Mittels Kameraaufzeichnung und Software wird erfasst, wo sich die Einwohner gerade befinden. Wie die *New York Times* berichtet, hängen sogar in Gebetsräumen Videokameras.[196]

Ein Nebeneffekt dieser Kontrolle ist, dass für chinesische Unternehmen ein neuer Markt der Gesichtserkennungs- und Videoanalysesoftware entstanden ist. Wenn in Europa oder in den USA die Rede davon ist, dass chinesische Unternehmen ebenfalls Fortschritte auf dem Feld der künstlichen Intelligenz machen, sollte man eines nicht vergessen: Chinesische Anbieter können wohl auch deshalb derartige Software entwickeln, weil der Staat sie als Kontrollinstrumente nutzt. Wie das Land derartige Technologie einsetzt, lässt sich ganz offensichtlich nicht mit europäischen Grundrechten vereinbaren.

An der Debatte rund um die Technologienation China fällt auch Folgendes auf: China wird gerne als Schreckgespenst von datenmächtigen westlichen Unternehmen genutzt. Zumindest setzen manche Konzerne die angebliche Konkurrenz durch chinesische Firmen als Erklärung ein, warum sie nicht streng behandelt werden sollten. Betrachten wir dazu zwei Aussagen Mark Zuckerbergs. Als er im April 2018 im US-Senat zu den Datenskandalen Facebooks befragte wurde, sagte Zuckerberg sinngemäß, dass es eine Balance zwischen Datenschutzanliegen und technischer Innovation brauche. Bei der Gesichtserkennung forderte er, „dass amerikanische Unternehmen in diesem Bereich innovativ sein können. Oder sonst werden wir hinter dem chinesischen Wettbewerb zurückfallen und hinter andere auf der Welt (…).“[197]

Als ihn die amerikanische Journalistin Kara Swisher einmal fragte, ob er die Zerschlagung Facebooks fürchte, sagte Zuckerberg: „Aus politischer Sicht stellt sich die Frage: Möchten wir, dass amerikanische Unternehmen über die ganze Welt hinweg exportieren? (…) Ehrlich gesagt, glaube ich, dass die Alternative sonst chinesische Unternehmen sind.“[198]

Man kann dies natürlich wohlmeinend interpretieren, dass Mark Zuckerberg besorgt ist um die Wirtschaftsleistung der USA. Aber ich muss sagen: Ich finde diesen Verweis auf China problematisch. Nach dieser Logik müssten wir Facebook alle fragwürdigen Methoden ebenfalls erlauben, die chinesische Unternehmen anwenden dürfen. Ich denke, die rechtlichen Rahmenbedingungen in China können kein Maßstab sein – weder für die USA, und schon gar nicht für Europa.

Es stimmt grundsätzlich, dass die USA und auch China aktuell die zwei dominantesten Staaten bei der Digitalisierung sind – aber eines möchte ich noch anmerken: Ganz so unvereinbar, wie es auf den ersten Blick scheint, sind das chinesische und das amerikanische Internet gar nicht. Jahrelang hat sich Google zu Recht damit gebrüstet, dass es seine Suchmaschine nicht in China betreibt und es sich nicht den chinesischen Zensoren unterwirft. Im Jahr 2018 flog allerdings auf, dass der Konzern an einem geheimen Projekt namens Dragonfly arbeitet – angeblich eine Suchmaschine, die mit den chinesischen Auflagen vereinbar ist. Durch internen Protest wurde dies zum Thema. Und anscheinend glauben manche Google-Angestellten weiterhin, dass ihr Unternehmen daran arbeitet. Positiv ist übrigens, dass gerade viele Google-Mitarbeiter damit hervorstechen, ethisch sehr verantwortungsvoll und kritisch gegenüber dem eigenen Unternehmen aufzutreten. Wir wissen vieles nur, weil Angestellte dies anonym an Medien weitergaben.[199]

Wir Europäer haben nun durchaus die Chance, mit einem digitalen Verantwortungsbewusstsein aufzufallen. Aktuell sehen wir, dass auch europäische Staaten oder Behörden teilweise problematische oder zumindest intransparente Deals eingehen. Wir sehen, dass die europäische Politik in vielen Belangen zögerlich war einzuschreiten, zu regulieren, klare Vorgaben zu machen. Aber man muss die jetzige Situation als Chance betrachten: Wir haben jetzt noch die Gelegenheit zu definieren, wie ein Internet nach europäischen Standards aussehen muss. Zugegeben, es ist höchste Zeit – aber immerhin ist noch Zeit, diese Richtungsentscheidung zu treffen.

11. DIGITALE ZEITENWENDE

Konsumentenschutz, Datenschutz, Bürgerrechte, Wettbewerbsrecht, all das müssen wir online nutzen! Das Internet ist nur dann ein demokratischer Ort, wenn unsere demokratischen Mindeststandards auch dort zum Tragen kommen.

Die Nachrichten klingen düster: Cambridge Analytica hat heimlich Daten von Millionen von Menschen abgezapft, in der Absicht, Wähler zu beeinflussen; der Reichtum digitaler Unternehmen wächst, gleichzeitig zahlen sie auffällig wenig Steuern; viele Geräte sind darauf ausgerichtet, Information über uns zu sammeln, wir haben aber kaum Einblick in diesen Prozess. Man könnte sich angesichts solcher Meldungen niedergeschmettert, nahezu erdrückt fühlen. Es scheint manchmal, als würde sich der technologische Fortschritt rasant in die falsche Richtung entwickeln. Können wir da überhaupt noch etwas machen? Können wir diese Entwicklung stoppen? Haben wir als Nutzer noch eine Chance, selbst die Regeln und Visionen für die Digitalisierung vorzugeben?

Die Antwort lautet: Ja. Natürlich haben wir die Möglichkeit, in unserem demokratischen System weiterhin den Ton anzugeben. Ich bin zu hundert Prozent davon überzeugt, dass wir alle Technologien und Geschäftsmodelle, die der Mensch erfand, als Gesellschaft auch umgestalten oder gänzlich neu gestalten können. Und ich kann Ihnen sagen, was mich da so sicher macht – das ist der historische Vergleich. Es zeigt sich nämlich: Wir Menschen waren immer schon von neuer Technologie überwältigt und überfordert. Als das Radio aufkam, staunten die Menschen. Und es gab die Ansicht, so etwas wie Radiowellen lasse sich unmöglich regulieren, denn diese laufen über den Äther – und wie soll man bitteschön den Äther regulieren? Heute diskutiert niemand mehr darüber, dass staatliche Behörden die Funkfrequenzen regulieren. Es ist mittlerweile völlig üblich, dass man sich als Funker zum Beispiel anmelden muss, wenn man in einem gewissen Frequenzbereich kommunizieren will. Aber vor gut hundert Jahren, zu Beginn des 20. Jahrhunderts, waren sich auch Politiker gar nicht darüber einig, ob sie Vorgaben für Radiowellen machen sollen. Speziell in den USA zögerte der Kongress, Regulierungen zu verabschieden. Ein Senator sagte: „Ich gebe zu, ich selbst verstehe diese komplizierten Fragen nicht (…)." Und ein Kongressabgeordneter wiederum erklärte: „Wir sind mit der Idee aufgewachsen, dass die Luft für jeden frei verfügbar ist." Es schien den Politikern eine gänzlich neue Idee, so etwas wie die Luft zu regulieren.[200]

Doch die Zweifel verschwanden abrupt mit einem berühmten Schiffsunglück. Am 14. April 1912 rammte die Titanic einen Eisberg und begann zu sinken. Die Crew sendete Hilferufe via Radio aus. Allerdings traten an diesem Tag etliche Probleme auf. Zum einen hörte nahezu niemand diesen Notruf. Ein vorbeifahrendes Schiff hatte kein Radiozubehör eingebaut. In einem anderen schlief der Funker zur Zeit der Übertragung. Nur ein entfernt liegendes Schiff hörte durch Zufall die Hilferufe – und eilte zu den Ertrinkenden. Und dann passierte noch etwas Unglückliches: Als die Notlage der Titanic bekannt wurde, überlappten sich Funksignale. Zwei in keinerlei Zusammenhang stehende Nachrichten vermischten sich und es hörte sich fälschlicherweise so an, als hätte jemand gefunkt: „Alle Passagiere sicher." Das stimmte nicht, doch die Presse zitierte die (technisch verursachte) Falschmeldung. Anfangs glaubten Freunde und Verwandte von Ertrunkenen, diese seien am Leben.[201]

Nach dem Unglück der Titanic endete das politische Zögern. Noch im selben Jahr verabschiedete der US-Kongress ein neues Gesetz: Ab nun mussten Notrufe Vorrang vor anderen Transmissionen haben. Und Hobbyfunker durften nur mehr über Kurzwelle kommunizieren. Das sollte verhindern, dass sie die Signale professioneller Funker störten. Die Katastrophe der Titanic machte deutlich, dass Regeln für Radiotechnik notwendig sind.

Vor einer ähnlichen Situation stehen wir heute: Wir sehen auch in digitalen Zeiten, dass es Regeln braucht – etwa, um Konsumenten vor allzu viel Überwachung zu schützen oder um einen fairen Wettbewerb zu ermöglichen. Wir haben zwar kein todbringendes Schiffsunglück wie die Titanic vor hundert Jahren erlebt, aber wir sehen derzeit die Schattenseiten unkontrollierter Technik in aller Deutlichkeit. Die US-Wahl 2016 war gewiss jener Moment, der am meisten Menschen aufschrecken ließ. In diesem Wahlkampf wurde klar, dass die mächtigsten Plattformen unserer Zeit auch als Propagandamedien eingesetzt werden. Die Cambridge-Analytica-Affäre, die erst zwei Jahre später aufflog, war dann ebenfalls ein klares Zeichen: Wir brauchen strengere Gesetze.

Wir sind heute in der Digitalisierung in jener Phase angelangt, in der wir ernsthaft über gesetzliche Sicherheitsinstrumente sprechen müssen. Zu diesem gesellschaftlichen Prozess – nämlich wie neue Technologie neue Regeln notwendig macht – gibt es ein großartiges Buch. Das eingangs zitierte Beispiel der Titanic und der Frühphase des Radios stammt aus *Pirates, Prophets and Pioneers*, das die Harvard-Professorin Debora Spar schon 2001 publizierte. Spar teilt die Anfangszeit neuer Technologie in vier Phasen ein. Sie erzählte mir: „Die erste Phase ist die Zeit der Innovation. Zuerst gibt es viel Begeisterung rund um die Technologie. Natürlich existieren noch keine Regeln, sie sind zu diesem Moment auch nicht notwendig. Dann kommt die zweite Phase, in der Menschen neue Geschäftsideen entwickeln und einen Markt kreieren – diese Personen möchten keine Regulierung, sie sind Pioniere, die ihre Ideen umsetzen wollen. Die dritte Phase ist dann jene, in der Leute nach Regulierung zu rufen beginnen. Die wachsende Bedeutung der Technologie führt dazu, dass es offensichtlich wird, dass es neue Regeln braucht. Und in der vierten Phase schreitet der Staat ein und reguliert diese Märkte."

Im Gespräch mit mir meinte Debora Spar: Ja, die Geschichte wiederhole sich aktuell. Die Forscherin geht davon aus, dass digitale Plattformen in Kürze reguliert werden. „Mir scheint, Europa ist schon eine Spur weiter – aber auch in den USA werden die Rufe nach Reaktionen lauter."

Wir befinden uns mitten in einem Umdenkprozess. Auch im Internet lassen sich die vier von Spar beschriebenen Phasen beobachten – von heller Begeisterung bis zu Rufen nach Regulierung. Ähnlich wie beim Radio gab es auch schon in der Anfangszeit des Web diese Idee, dass sich Staaten generell fernhalten sollten und dass der Cyberspace – wie das Netz damals genannt wurde – keine Regulierung brauche. Das berühmteste Dokument gegen staatliche Maßnahmen ist die „Unabhängigkeitserklärung des Cyberspace", die der libertäre Netzpionier John Perry Barlow im Jahr 1996 verfasste. Er schrieb: „Regierungen der industriellen Welt, ihr müden Riesen aus Fleisch und Stahl, ich komme aus dem Cyberspace, dem neuen Zuhause des Geistes. Im Auftrag der Zukunft bitte ich euch aus der Vergangenheit, uns in Ruhe zu lassen. Ihr seid nicht willkommen. Ihr habt keine Souveränität, wo wir uns versammeln." Pioniere wie Barlow glaubten, dass im Netz eine bessere Gesellschaft entstehen würde. Dass der Cyberspace eine andere Welt ermöglichen würde, in der Menschen ihre Körper gewissermaßen zurücklassen, wo nur menschliche Beziehungen, menschliche Gedanken zählen. Barlow schrieb in seinem Manifest auch: „Wir erschaffen eine Welt, in die alle eindringen dürfen, ohne Privilegien oder Vorurteile basierend auf der eigenen Rasse, ökonomischen Macht, militärischen Kraft oder dem Geburtsort."[202]

An sich war das eine schöne Idee. Aber heute, mehr als zwanzig Jahre später, sehen wir: So, wie Barlow es sich vorgestellt hat, ist das nicht eingetreten. Offensichtlich haben wir Menschen Rassismus oder Privilegien nicht überwunden, nur weil wir online gegangen sind. Deutlich kommt nun zum Vorschein: Unser komplexes demokratisches System ist eine zivilisatorische Errungenschaft – und es wäre fatal, würden wir nicht auch im Netz auf den Schutz durch Gesetze und die Justiz zurückgreifen können. Wenn jemand online Ihre Ermordung fordert, ist es absolut richtig, dass Sie das anzeigen können. Wenn jemand Ihre Identität stiehlt, ist es gut, dass Sie sich juristisch wehren können. Wenn ein Unternehmen von Millionen von Bürgern private Daten absaugt, um damit Wahlkampf zu machen, gehört das bestraft. Und wenn marktbeherrschende Konzerne ihre Macht nutzen, um Konsumenten oder kleineren Anbietern unfaire Angebote zu unterbreiten, sollen die staatlichen Wettbewerbshüter aktiv werden. Konsumentenschutz, Datenschutz, Bürgerrechte, Wettbewerbsrecht – all das müssen wir online nutzen! Das Internet ist nur dann ein demokratischer Ort, wenn unsere demokratischen Mindeststandards auch dort zum Tragen kommen.

Was man aus der Geschichte lernen kann: Es ist normal, über neue Technologie zu staunen. Es ist normal, dass wir Menschen anfangs extreme Hoffnungen in neue Erfindungen setzen – und dass manche dieser Hoffnungen dann enttäuscht werden. Es ist auch normal, dass uns nach der ersten Begeisterung die Schattenseiten und vor allem das Missbrauchspotenzial neuer Technologie auffällt. Womöglich ist das sogar der typische Prozess im Umgang mit neuartigen Entwicklungen. Aber am Ende ist es auch normal, dass wir als Gesellschaft aufstehen, konkrete Problemfelder identifizieren – und dann Regeln und Sicherheitsstandards schaffen.

Es ist eine Zeitenwende, in der wir uns gerade befinden: Sowohl als Einzelner als auch als Gesellschaft ist es an der Zeit aufzustehen und eine eigene Vision für diesen beeindruckenden Prozess der Digitalisierung zu entwickeln. Wir haben es lange genug Unternehmen überlassen, im Alleingang die Regeln unserer vernetzten Gesellschaft zu definieren. Und es stellt sich heraus: Das funktioniert nicht – zumindest nicht zum Wohle aller. Es besteht die ganz konkrete Gefahr, dass diese Unternehmen Plattformen entwerfen, die für sie zwar lukrativ, für unsere Demokratie aber schädlich sind. Ebenso bauen Geschäftsmodelle des Internets, insbesondere der Onlinewerbung, darauf auf, immer mehr und immer sensiblere Daten über den Anwender zu sammeln. Hinzu kommt, dass manche Technologieunternehmen sogar daran arbeiten, bisher staatliche Aufgaben nun selbst zu übernehmen. Bedenken Sie nur, dass zum Beispiel Facebook gemeinsam mit anderen Unternehmen eine eigene globale Währung namens Libra etablieren will. In einem Onlineartikel warnte die *Financial Times* vor diesem Vorhaben und meinte, Libra sei „nichts anderes als der dreiste Versuch, sich über nationale monetäre Souveränität hinwegzusetzen".[203] Hier entsteht der Eindruck, dass einige digitale Riesen ihre Expansionsstrategie im Netz noch lange nicht abgeschlossen haben.

Wir brauchen jedoch ein Netz, in dem nicht noch mehr Einfluss an marktbeherrschende digitale Konzerne fließt, und ein Netz, in dem Bürger sich nicht ständig erfasst oder überwacht fühlen müssen. Wir brauchen digitale Geräte, die für uns und nicht gegen uns arbeiten. Wir brauchen eine andere digitale Zukunft, wenn wir an Grundregeln wie freien und unbeeinflussten Wahlen oder an dem Recht auf Privatsphäre und der Möglichkeit der Selbstbestimmung festhalten wollen. Und eines ist deutlich: Immer mehr Menschen wird dies bewusst, immer lauter werden die Rufe nach einer neuen digitalen Logik. Gerade in dieser Phase können wir aus der Geschichte lernen: Es ist möglich, Technik und die Geschäftsmodelle einer Technik gemeinsam zu formen. Ebenso wie beim Radio vor hundert Jahren haben wir heute eine Gestaltungsmacht – solange wir diese auch nutzen. Es war schon immer so, dass einem Update der Technik auch ein Update der Regeln unseres gesellschaftlichen Zusammenlebens folgen musste. Welche Bereiche dieses Update besonders betrifft, darüber werde ich auf den folgenden Seiten schreiben.

12. WAS JEDER EINZELNE TUN KANN

Versuchen Sie dort, wo es einfach ist, wo es Ihnen selbst leichtfällt, auf Alternativen zu den großen Herstellern zu setzen. Wenn wir einen pluralistischen Markt, einen tatsächlichen Wettbewerb wollen, ist es sinnvoll, diesen Wettbewerb auch als Kunde zu fördern.

Am einfachsten wäre es zu sagen: Ich bin nur einer von Milliarden Internetnutzern, was kann ich schon tun? Es stimmt, dass der Einzelne nicht sämtliche Probleme im Alleingang lösen wird – man kann nicht im Alleingang die Macht einzelner digitaler Konzerne oder das überbordende Datensammeln einschränken. Sehr wohl aber kann jeder etwas beitragen, denn jeder und jede hat einen gewissen Handlungsspielraum, den er oder sie nutzen kann. Das beginnt damit, dass wir uns zusammenschließen, dass wir eine strengere Politik und klarere Regeln für die digitalen Geschäftsmodelle fordern können. Solche gesellschaftliche Lösungsansätze beschreibe ich im nächsten Kapitel. Aber auch im eigenen konkreten Handeln hat man als User Möglichkeiten, zu zeigen, wie ernst einem das Thema ist. Wir können jene Akteure unterstützen, die auf juristischer oder zivilgesellschaftlicher Ebene gegen den digitalen Status quo ankämpfen. Wir können die vorgegebenen Settings und unseren Zugang zu Technologie überdenken. Solche Reaktionen dienen einerseits dem Selbstschutz – um eine Spur weniger erfassbar und auswertbar zu sein. Wir zeigen andererseits damit aber auch, dass wir nicht alle Standardeinstellungen und alle Formen des Datensammelns akzeptieren, die uns vorgesetzt werden. In diesem Kapitel liefere ich fünf Vorschläge, wie wir Bürger uns schrittweise wehren können:

1.) Aufmüpfig sein!

Es gibt eine ganz simple Methode, die jeder Bürger anwenden kann: Fragen Sie einmal nach, welche Informationen ein Onlinedienst über Sie gesammelt hat. Laut der Datenschutzgrundverordnung (DSGVO) ist es nämlich so, dass Ihnen jedes Unternehmen Auskunft geben muss, welche Daten es über Sie gespeichert hat. Seien Sie nervig! Denn solche Anfragen nach Herausgabe der Daten bewirken zwei Dinge: Unternehmen merken einerseits, dass Nutzer das Thema ernst nehmen. Ihnen wird bewusst, dass es nicht nur theoretisch die gesetzliche Möglichkeit gibt, Informationen anzufordern – Bürger tun das tatsächlich! Zweitens sind solche Anfragen gerade bei sehr datenaffinen Unternehmen augenöffnend. Da staunt man, was alles über einen gespeichert wurde.

Zuerst eine technische Erklärung: Es ist sehr einfach, eine solche Anfrage zu stellen. Sie können zum Beispiel mit der E-Mail-Adresse, die Sie bei einem Webdienst nutzen, eine Nachricht mit folgendem Text senden: „Hiermit stelle ich gemäß Artikel 15 DSGVO (VO (EU) 2016/679) einen Antrag auf Auskunft über meine personenbezogenen Daten". Mit diesem Satz verweisen Sie auf die entscheidende Passage der Datenschutzgrundverordnung. Warum Sie Ihre Daten sehen wollen, müssen Sie nicht näher erläutern. Das ist eben Ihr gutes Recht.[204]

Ich habe eine solche Anfrage beispielsweise an Amazon gestellt – und war überrascht, welche Informationsmassen das Unternehmen über mich gesammelt hatte. Selbstverständlich hatte ich erwartet, dass der Onlinehändler wusste, welche Produkte ich in den vergangenen paar Jahren bestellt hatte. Mich verblüffte dann allerdings, wie weit zurück Amazons Aufzeichnungen reichten: Seit dem Jahr 2002 hatte Amazon jeden einzelnen Gegenstand aufgelistet, den ich jemals geordert hatte. Das sind sechzehn Jahre zurück – beinahe die Hälfte meines Lebens. Aus den Daten ging hervor, was ich vor sechzehn Jahren vor Weihnachten bestellt oder welche Unterlagen ich im Laufe meines Studiums über Amazon geordert hatte. Man kann aus der Liste nachvollziehen, wie sich meine Interessen oder meine Hobbys im Laufe der Zeit gewandelt haben. Neben dieser umfassenden Bestellübersicht zeigte Amazons Datensammlung auch, dass jede Suchanfrage erfasst wurde, die ich in den vergangenen zwei Jahren auf der Plattform eingetippt hatte (für diese Daten wurde ein kürzerer Zeitraum erfasst). Das Unternehmen vermerkt nicht nur, welche Begriffe ich anfragte, sondern auch, wie intensiv ich danach suchte – ob ich lediglich ein einzelnes Produkt anklickte oder sehr viele unterschiedliche Waren ansah. Das zeigt einmal mehr: Nicht nur aktive Vorgänge wie abgesendete

Bestellungen oder eingegebene Suchanfragen werden akribisch gespeichert, sondern auch unscheinbarere Tätigkeiten wie das eigene Klickverhalten.

Als die deutsche Netzaktivistin und AutorIn Katharina Nocun ihre Daten bei Amazon anfragte, erhielt sie sogar eine minutiöse Auflistung jedes einzelnen ihrer Klicks: Sie konnte über den erfassten Zeitraum jedes einzelne Produkt, das sie aufgerufen hatte, jede einzelne Rezension, die sie studiert hatte, nachverfolgen. „An einem Tag sind das mehr als hundert betrachtete Seiten mit mehr als einem Dutzend Einträge pro Minute gewesen. Zu jedem Klick finden sich bis zu 50 zusätzliche Angaben, wie etwa Uhrzeit, Warenkategorie, die Artikelnummer, die davor und danach bei Amazon angesteuerten Webseiten (…)“, schreibt sie in ihrem Buch *Die Daten, die ich rief.*[205]

Es ist oftmals aufschlussreich, von großen Digitalunternehmen anzufordern, welche Daten sie über einen speichern – und zu sehen, welche Massen an Information sie im Laufe der Zeit über einen zusammengetragen haben. Und man erahnt angesichts der Datenmassen, wie wertvoll solche persönlichen Informationen sind. Denn: Warum sollten die Unternehmen immens viel Speicherplatz aufbringen und jahrelang so viele Infos über Sie zusammentragen, wenn es keinen ökonomischen Grund dafür gibt?

2.) Verbündete suchen!

Es gibt Organisationen, die für uns und unsere Daten kämpfen. Wenn Ihnen nicht behagt, wie massiv Daten gesammelt und verwertet werden, habe ich einen Tipp. Unterstützen Sie jene Bürgerrechtsgruppen oder Konsumentenschützer, die genau das juristisch anfechten.

Vielleicht ist Ihnen der Österreicher Max Schrems ein Begriff. Er ist ein prominenter Kämpfer für den Datenschutz. Bekannt wurde er damit, dass er sich mit Facebook anlegte. Als Jusstudent wollte er von Facebook wissen, welche Daten das Unternehmen über ihn gesammelt hatte. Er erhielt ein PDF mit mehr als 1200 Seiten – darunter auch Information, die eigentlich gelöscht sein sollte. Denn Schrems hatte manche Information über sich auf der Plattform längst entfernt und trotzdem waren diese Daten noch immer in Facebooks Unterlagen zu finden. Daraufhin brachte Max Schrems im Jahr 2011 in Irland Beschwerde gegen das soziale Netzwerk ein – und bis heute liefert er sich solche juristische Schlachten. Mittlerweile ist er fertig ausgebildeter Jurist und hat die Organisation Noyb gegründet, kurz für „none of your business". Sie führt Verfahren in der ganzen EU für einen stärkeren Datenschutz. Zum Beispiel setzt sich Noyb dafür ein, dass Unternehmen genauer Einblick geben, welche Daten sie sammeln.

Dieser Verein lebt von Spenden. Wenn Sie also wollen, dass das Datensammeln beschränkt wird, können Sie derartige Organisationen unterstützen. Ich selbst habe das getan. Mir gefällt die Vorstellung, dass jemand in meinem Sinne solche Datenschutzverfahren führt. Und Schrems macht immer wieder Schlagzeilen. In Frankreich befand die Datenschutzbehörde Anfang 2019, dass Google 50 Millionen Euro Strafe zahlen muss – der Hintergrund ist, dass Max Schrems und die französische Datenschutzorganisation „La Quadrature du Net" in Frankreich eine Beschwerde gegen das Unternehmen einbrachten.[206] Sie argumentieren, dass Googles Datensammlung auf Android-Handys viel zu umfassend ist und sich der Konzern zu viele Rechte zum Überwachen der User einräumt. Noyb führt einige solche Verfahren in Ländern wie Österreich, Deutschland, Frankreich, Belgien und Irland. Doch solche Fälle sind komplex und langwierig, weil die Unternehmen sich mit aller Macht dagegen wehren. In Frankreich bekämpft Google nun die verhängte Strafe. Max Schrems sagt: „Wir sehen eine Verzögerungstaktik: Große Unternehmen wie Google und Facebook fechten viel an, sie haben riesige Anwaltsteams und können sich langwierige Verfahren leisten. Man muss damit rechnen, dass es zehn Jahre dauern wird, bis viele juristische Fragen auf höchster

Instanz geklärt sind. In der Zwischenzeit können Google und Facebook weiter eifrig Daten sammeln."

Zur Erklärung: Zwar haben wir am Papier strenge Regeln und laut der europäischen Datenschutzgrundverordnung müssen Unternehmen genau erklären, zu welchem spezifischen Zweck sie Daten sammeln. Doch in der Praxis fehlt uns noch die Erkenntnis, wie streng Gerichte (gerade Höchstgerichte) diese Regeln auslegen. Und es fehlen Strafen, die eine abschreckende Wirkung haben. Max Schrems ficht genau solche Präzedenzfälle durch. Es ist daher sehr sinnvoll, Organisationen wie Noyb diese rechtlichen Auseinandersetzungen zu ermöglichen.

In den vergangenen Jahren sind einige engagierte zivilgesellschaftliche Projekte oder Medien speziell rund um digitale Bürgerrechte entstanden. In Deutschland liefert die Redaktion von netzpolitik.org wichtige Einblicke in Überwachungsgesetze, die Staaten oder die EU planen. Die Seite berichtet kritisch über Behörden und Politiker und wurde auch schon mit etlichen Preisen ausgezeichnet. Sie lebt von Spenden. Würde sie eines Tages nicht mehr existieren, wäre das ein großer Verlust für die deutsche Medienlandschaft.

Weitere Beispiele: Die österreichische Datenschützer-Plattform epicenter.works fielen damit auf, dass sie 2014 die Vorratsdatenspeicherung in Europa juristisch zu Fall brachten (damals hatte die Initiative noch AKVorrat geheißen und gegen die Vorratsdatenspeicherung geklagt).[207] Auf europäischer Ebene wiederum gibt es die Bürgerrechtsorganisation EDRi, die sich für Themen wie Datenschutz, Urheberrecht und staatliche Überwachung einsetzt.

Ich selbst bin übrigens auch ein Fan des österreichischen Vereins für Konsumenteninformation, der die Zeitschrift *Konsument* herausgibt. Diese kann man abonnieren – und damit Produkttests und kritische Berichte unterstützen. Das deutsche Pendant zum *Konsument* ist das Magazin *test* der Stiftung Warentest. Wenn man datenschutz-affine Produkte sucht, findet man dort dazu Empfehlungen.

Noch ein Tipp: Die deutsche gemeinnützige Organisation AlgorithmWatch leistet Pionierarbeit beim Erklären von Algorithmen – und sie zeigt auch auf, wo europäische Staaten selbst umstrittene Software einsetzen. Auch für diese Initiative kann man spenden.

Ich halte gerade solche zivilgesellschaftliche Projekte für ein wichtiges Korrektiv. Denn noch immer wird die Stimme kritischer Bürger zu wenig wahrgenommen. Das berühmteste Beispiel: Im Frühjahr 2019 beschloss die Europäische Union eine sehr umstrittene Urheberrechtsreform – Sie haben vielleicht die massiven Proteste dagegen mitbekommen. Ich selbst bin Journalistin, ich kann gut nachvollziehen, dass Zeitungsverlage, Musikverbände oder private Sender auf ihr Urheberrecht pochen. Trotzdem halte ich die Urheberrechtsänderung für ein ernsthaftes Problem.[208] Eine der Passagen ist so streng formuliert, dass Plattformen laut Expertenmeinung künftig Uploadfilter einsetzen müssen: Darunter versteht man Software, die automatisch Postings oder Videos löscht, wenn diese potenziell urheberrechtlich geschütztes Material beinhalten. Will ein privater Nutzer beispielsweise ein Bild von Homer Simpson auf Facebook posten, könnte ein solcher Filter den Upload verhindern – wenn die Plattform keinen entsprechenden Copyright-Vertrag mit den Rechteinhabern hat. Ich halte solche Filterprogramme für riskant: Eine Software kennt nicht die Finessen des Urheberrechts oder der Meinungsfreiheit. Und ganz so simpel ist die Rechtslage eben nicht: Manchmal ist das Posten von urheberrechtlich geschütztem Material durchaus erlaubt – etwa im Rahmen des Zitatrechts. Aber heutige Algorithmen sind nicht clever genug, um eigenständig über solche urheberrechtliche Fragen zu urteilen.

Das Ärgerlichste an der Debatte ist: Obwohl Zehntausende Menschen, darunter auch viele junge Internetnutzer, gegen diese Richtlinie auf die Straße gingen, stimmte das Parlament mehrheitlich für die Urheberrechtsrichtlinie inklusive der umstrittenen Passagen.[209] Selbst großer Protest schien wirkungslos. Deswegen brauchen wir noch mehr, noch stärkere, noch besser finanzierte zivilgesellschaftliche Akteure – damit diese auch umso lauter bürgerliche Interessen vertreten können.

Spenden, Mitgliedschaften, Unterstützungsabos sind kein Allheilmittel, aber sie sind etwas, das die Situation verbessert. Und sofern man sich das leisten kann, ist mein Tipp: Suchen Sie Verbündete, unterstützen Sie diese – mit Geld, womöglich auch mit Eigenengagement. Denn wir brauchen diesen zivilgesellschaftlichen Druck. Und nur wir Bürger können dafür sorgen, dass dieser Druck größer wird.

3.) Nutzen Sie auch andere Technik

Natürlich ist auch die Technik, die wir verwenden, ein Teil der Lösung: Es macht sehr wohl einen Unterschied, wie Geräte programmiert und designt sind. Nicht in jedem Bereich gibt es passende Produkte – aber in einigen Feldern haben Sie sehr wohl eine gute Auswahl. Ein Beispiel: Google bietet einen Browser namens Chrome an. Er ist ein erstklassiges Produkt, praktisch, schnell, gut designt. Jedoch versuche ich, möglichst auf Chrome zu verzichten. Denn ich möchte die Zahl der Produkte, die ich von Google verwende, eher reduzieren. Zum Glück gibt es eine solide Alternative zu Chrome – den Browser Firefox. Dahinter steckt die nicht profitorientierte Organisation Mozilla, die sich für Privatsphäre-freundliche, öffentlich einsehbare Software (also Open-Source-Software) einsetzt. Die aktuelle Version von Firefox ist erstklassig. Überdies nutze ich im Browser Erweiterungen wie Ghostery, mit der man das Tracking im Netz blockieren kann. Wenn man Ergänzungen wie Ghostery installiert, können einen Werbenetzwerke nicht so leicht im Web verfolgen.

Firefox führt vor, dass sehr wohl Programme existieren, die praktisch und gleichzeitig datenschutzaffin sind. Ich halte es ehrlich gesagt für unrealistisch, dass alle Kunden auf sämtliche Produkte von digitalen Riesen wie Google, Facebook oder Amazon verzichten.

Aber ich bin der Ansicht: Man muss nicht jeden ihrer Dienste nutzen. Es ist zwar furchtbar bequem, möglichst viele Produkte von nur einem Hersteller zu verwenden – rein auf Apple, rein auf Google zu setzen oder sich überall im Web via Facebook-Profil anzumelden. Nur liefert man sich dabei ganz einem Unternehmen aus. Mein Tipp ist also: Versuchen Sie dort, wo es einfach ist, wo es Ihnen selbst leichtfällt, auf Alternativen zu den großen Herstellern zu setzen. Wenn wir einen pluralistischen Markt, einen tatsächlichen Wettbewerb wollen, ist es sinnvoll, diesen Wettbewerb auch als Kunde zu fördern.

Noch ein Beispiel: Mir behagt nicht, wie sehr Facebook zur dominanten Plattform für unsere heutige Kommunikation wurde – noch nie in der Menschheitsgeschichte hat ein einzelnes Unternehmen so viel Einfluss darauf gehabt, wie Menschen sich austauschen können. Bisher ist es keinem sozialen Netzwerk gelungen, Facebook als Plattform zu überholen (Stichwort: Netzwerkeffekte). Für Medien oder auch Parteien ist es gar nicht so leicht, auf Facebook zu verzichten, wenn sie die breite Masse erreichen wollen. Sehr wohl aber kann man als Konsument überlegen, ob man selbst auf einzelne Facebook-Dienste verzichten oder die Nutzung zumindest zurückfahren will. Nehmen Sie WhatsApp, das Facebook gehört: Ich rate Ihnen, stattdessen lieber Signal einzusetzen. Diese App bietet dieselben Funktionen, ist darüber hinaus aber auch bei Datenschutzexperten höchst angesehen. Edward Snowden nutzt Signal, um seine Kommunikation vor fremden Blicken zu schützen. Ich denke mir: Wenn Signal gut genug für Snowden ist, der die NSA-Affäre aufdeckte, ist es wohl auch gut genug für mich. Es geht mir hier jedoch nicht rein um Datensicherheit, ich finde es auch sinnvoll, die eigene Kommunikation nicht zur Gänze einem einzelnen Konzern anzuvertrauen. Womöglich werden Sie nicht Ihr gesamtes Umfeld überzeugen können, auf Signal umzusteigen, aber vielleicht Ihre Familie und Ihre engsten Freunde.

Ein weiteres Beispiel: Amazon ist es gelungen, zum Rundum-Shop zu werden – von Windeln bis zu elektronischen Büchern findet man alles Mögliche. Hier kann man sich überlegen: Wie viel von meinem Geld und meinen Daten will ich Amazon überlassen? Es gibt zum Beispiel einzelne Produktkategorien, wo man sehr leicht um Amazon herumkommt. Ich selbst lese gerne E-Books, aber ich habe mir eine Alternative zu Amazons Kindle gekauft. Es gibt gerade bei E-Books und E-Readern viel gute Auswahl – von Marken wie Tolino oder Kobo. Ich nutze einen wasserfesten Kobo-Reader. Sicher ist es eine Grundsatzfrage, ob man lieber ein gedrucktes Buch oder ein digitales Lesegerät nutzt. Aber auch wenn Sie gedruckte Bücher bevorzugen: Im deutschsprachigen Raum haben wir den Vorteil, dass es vergleichsweise viele Buchhändler gibt – und dass diese Buchhändler die Geschwindigkeit, wie rasch sie ein deutschsprachiges Buch besorgen können, massiv ausgebaut haben. In Deutschland und Österreich gibt es die Buchpreisbindung, das heißt, die Werke kosten überall gleich viel. Da erscheint es mir sehr sinnvoll, lokale Buchhändler zu unterstützen – auch weil die Chance hoch ist, dass diese mit ihren Steuern das Gemeinwesen mitfinanzieren.

Mein Tipp ist: Überlegen Sie sich, welche Anbieter Ihnen am wenigsten behagen, und überlegen Sie, ob Ihnen Wege einfallen, öfter um diese Anbieter herumzukommen. Denn in manchen Sparten gibt es zum Glück Alternativen. Wenn man will, dass solche Alternativen – darunter auch örtliche Buchläden – weiterhin bestehen, sollte man diese nutzen.

4.) Kämpfen Sie gegen die Trägheit!

Das führt zu einem zweiten Punkt der Technik: Es geht nicht nur um die Geräte und die Programme, die wir verwenden. Sehr relevant ist auch, ob wir die Standardeinstellungen der Geräte hinnehmen. Sie erinnern sich vielleicht: Ich habe die menschliche Trägheit beschrieben – also, dass wir häufig die vordefinierten Settings akzeptieren, ohne genauer hinzuschauen. Auch ich ringe mit meiner eigenen Trägheit, versuche mich daran zu erinnern, die Settings meiner

Geräte immer wieder zu kontrollieren. Vielen Herstellern ist höchstwahrscheinlich bewusst, dass ein guter Teil der Konsumenten oft hastig auf „OK" klickt. Doch das ist aus Sicht der Kunden ungünstig: Wenn Sie immer die vordefinierten Einstellungen akzeptieren, werden Sie womöglich mehr Daten über sich hergeben, als Ihnen bei näherer Betrachtung recht ist.

Wir befinden uns in der unangenehmen Situation, dass Onlinedienste im Standardmodus überraschend viele Daten sammeln. Die Verantwortung wird dem User umgehängt, er kann manches nachträglich deaktivieren, muss das aber in vielen Fällen gezielt machen. Wenn Sie ein Android-Handy benutzen oder Google-Apps auf Ihrem Smartphone installiert haben, sollten Sie Folgendes tun: Gehen Sie auf myaccount.google.com, klicken Sie auf „Daten & Personalisierung" und dann bei „Standortverlauf" auf „pausieren". So verhindern Sie, dass Ihr Standort erfasst wird, selbst wenn Sie gerade gar keinen Dienst von Google nutzen. Mein Tipp: Über diese Webadresse können Sie auch noch andere Formen des Datensammelns „pausieren". Ich rate Ihnen, alles zu deaktivieren.

Natürlich ist es gut, dass einige Dienste ihren Usern mit der Zeit mehr Optionen eingeräumt haben, um einzelne Varianten der Datenerfassung abzustellen. Aber wirkliche Privatsphäre haben wir erst, wenn die Standardsettings so eingestellt sind, dass Geräte möglichst wenig Daten über uns aufzeichnen. In der Zwischenzeit kann man sagen: Es lohnt sich, genau hinzuschauen und Einstellungen der eigenen Hardware und Software anzupassen.

Ein Beispiel: Wenn Sie einen intelligenten Lautsprecher mit Amazons Sprachassistentin Alexa in Ihrem Haushalt stehen haben, dann ist das ein praktisches Gerät. Sie können in der Küche Alexa mündlich anweisen, einen Timer für den Braten im Ofen zu stellen oder Musik zu spielen. Solch eine Sprachsteuerung ist recht bequem – nur hat sie auch eine Schattenseite. Viele Geräte hören permanent zu. Sie schlummern passiv im Hintergrund, aber ihre Mikrofone sind aktiv. Vernimmt das Gerät das Aktivierungswort (bei Amazon lautet es „Alexa"), dann springt die Software an. Darüber hinaus zeichnet Amazon sämtliche Sprachbefehle auf, die die Benutzer Alexa geben. Nicht nur den Inhalt der Aussage, sondern sogar die Audiodatei.

Wenn Sie ein Alexa-Benutzer sind, können Sie von Amazon Ihre Daten anfordern – und Sie werden auch die Audiodateien erhalten: Sie können sich dann selbst zuhören, was Sie mit dem Gerät gesprochen haben. Auf den Servern Amazons schlummern Audiodateien von Millionen von Menschen, die beinhalten, was diese in ihren eigenen vier Wänden zu Alexa gesagt haben. Amazon behält sich das Recht vor, mit diesen Audiodateien weitere Funktionen oder Dienste zu entwickeln.

Amazon erklärt diese Auswertung von Sprachaufnahmen damit, dass auf diese Weise die eigenen Dienste besser werden. Auf Anfrage meinte ein Sprecher des Unternehmens zu mir: „Würden wir keinerlei Daten speichern und nicht einen Teil dieser Daten anonymisiert zur Verbesserung des Dienstes auswerten, könnte Alexa nicht wissen, dass ‚Taylor Swift' eine amerikanische Sängerin ist und kein ‚flinker Schneider'. In diesem Zusammenhang ist wichtig zu verstehen, dass sämtliche Daten im Transit verschlüsselt sind sowie nicht für Werbung genutzt oder an Dritte weitergegeben werden."

Dass Alexa nun weiß, wer Taylor Swift ist, klingt nach einem harmlosen Einsatzgebiet. Nur holt sich hier Amazon schon eine weitreichende Erlaubnis zum Auswerten Ihrer Konversation mit Alexa. Wenn Sie dies lieber einschränken wollen, können Sie Folgendes tun: Öffnen Sie die Alexa-App auf Ihrem Smartphone, gehen Sie in die „Einstellungen", dann auf „Alexa-Konto", dann auf „Alexa Datenschutz". Hier sehen Sie den Menüpunkt „Legen Sie fest, wie Ihre Daten Alexa verbessern sollen." Das wirkt unverdächtig. Nur ist hier standardmäßig aktiviert, dass Amazon die eigenen Audiodateien zur Entwicklung weiterer Dienste verwenden darf. Ich rate Ihnen, das auszuschalten. Und unter dem Punkt „Sprachaufnahmen überprüfen" können Sie alle gesammelten Audiodateien entfernen lassen. Auch das würde ich Ihnen empfehlen.

Häufig empfehlen Onlinedienste nachdrücklich, dass man das Datensammeln lieber aktiviert lassen soll. Will man zum Beispiel Amazons Auswertung der Audiodateien verhindern, liest man dort den Hinweis: „Wenn Sie diese Einstellung ausschalten, arbeiten neue Funktionen möglicherweise nicht ordnungsgemäß." Lassen Sie sich von solchen beunruhigenden Meldungen nicht einschüchtern! Oftmals merkt man keinen Unterschied, wenn man solche Funktionen deaktiviert. Und falls doch, können Sie die Funktion ohnehin wieder aktivieren. Der Verdacht liegt nahe: Hier wird versucht, mit Nachdruck die Kunden zu motivieren, mehr Daten zu teilen, als ihnen womöglich lieb ist.

Wenn Sie sehr genaue Beschreibungen suchen, wie Sie die Einstellungen Ihrer Geräte ändern können, liefert der Verein für Konsumenteninformation mit dem *Handbuch Datenschutz* übersichtliche Tipps – auch zu Themen wie Verschlüsselung, sichere Passwörter oder Löschen von Daten.[210] Praktisch ist auch die englischsprachige Webseite simpleoptout.com. Sie hilft einem, wenn man bei etlichen großen Anbietern (Google, Amazon, Apple, Facebook, Microsoft, Netflix, Paypal et cetera) das Datensammeln einschränken will. Ebenfalls hilfreich und auf Deutsch ist die Webseite SaferInternet.at. Das ist eine Beratungsstelle, die auch Workshops an Schulen hält und Materialien für Jugendliche, Eltern, Lehrer anbietet. Auf SaferInternet.at findet man Anleitungen für Programme wie WhatsApp, Instagram, Snapchat, Facebook (siehe saferinternet.at/privatsphaere-leitfaeden). Im Grunde geht es um Folgendes: Wer sich schützen will, sollte wissen, dass Standardeinstellungen oft so ausgelegt sind, dass dabei sehr viele Daten an den Hersteller eines Geräts oder den Betreiber eines Dienstes weitergegeben werden. Es ist extrem mühsam, ständig die Settings zu kontrollieren – aber es ist trotzdem sinnvoll. Tun Sie einigen aufdringlichen Herstellern nicht den Gefallen, immer brav auf „OK" zu drücken. Im Zweifelsfall lohnt es sich, auf „Ablehnen" zu klicken.

5.) Verbreiten Sie Ihr Wissen!

Das bringt mich zur letzten Empfehlung: In diesem Buch haben Sie einiges über die Schattenseiten des digitalen Marktes erfahren – von der Tendenz großer Digitalkonzerne, Steuern zu vermeiden, der Affinität zum undurchsichtigen Datensammeln bis hin zu problematischen Abmachungen mit einzelnen Staaten. Und ich vermute, wenn Sie Bücher wie dieses kaufen, ist Ihnen dieses Thema generell ein Anliegen. Was jeder tun kann: das weitererzählen! Die Debatte rund um die Digitalisierung ist in den vergangenen Jahren schon ernster, breiter, lauter geworden. Aber in Wirklichkeit ist sie noch nicht ernst, breit und laut genug. Wir brauchen noch mehr Aufmerksamkeit, noch mehr widerspenstige Bürger, die informiert sind und einen tatsächlichen Wandel einfordern.

Sprechen Sie über die Steuervermeidung großer Konzerne und wie Sie darüber denken. Reden Sie mit Ihren Freunden über das Geschäftsmodell des Überwachungskapitalismus. Werden Sie zum Multiplikator. Nicht jeder Ihrer Bekannten oder Freunde liest solche Bücher, einschlägige Blogs oder Artikel der Technikressorts großer Medien. Sie können dazu beitragen, das Bewusstsein in Ihrem Umfeld zu erhöhen. Im Optimalfall profitieren auch Ihre Freunde oder Bekannten davon, wenn sie die Schattenseiten mancher Anwendungen besser kennen – und womöglich auch die eigenen Daten besser schützen.

Dazu eine letzte Anekdote, die ich charmant finde: Auf Twitter schrieb die Nutzerin @sabine_beck : „Mein Kind hatte heute in der Schule einen Workshop mit SaferInternet.at und jetzt passiert grad das: Die Klasse wechselt grad geschlossen von WhatsApp auf Signal (…).“[211]

Der Workshop der Schulklasse wurde nach einem Elterngespräch gebucht. Die zehn- und elfjährigen Schüler begannen daraufhin, sich mit ihren Apps stärker zu beschäftigen, einzelne sogar zu löschen. Natürlich hat das Auswirkungen, wenn wir uns ernsthafter mit unseren Geräten, mit den Geschäftsmodellen dahinter und den Einstellungen beschäftigen. Es handelt sich hier freilich nur um Etappensiege – aber diese sind wichtig.

Wenn Wissen Macht ist, wie ich in einem früheren Kapitel schrieb, und Unwissen der Ohnmacht gleicht, dann müssen wir gegen die Unwissenheit und Ohnmacht ankämpfen. Und was jeder von uns da tun kann, ist, Wissen zu vermehren, um in vielen kleinen Schritten die Macht der Nutzer zu vergrößern.

13. NEUSTART IM NETZ

In meinen Augen heißt das Problem nicht einfach „Facebook“ oder „Google“: Diese mächtigen Unternehmen sind ja nur Symptome eines Internets, in dem wir nicht genügend darüber diskutierten, was eine öffentliche oder öffentlich-rechtliche Aufgabe in digitalen Zeiten sein sollte.

Ich habe zu Beginn dieses Buchs erzählt, dass ich 1984 geboren wurde – das ist jenes Jahr, in dem der Apple Macintosh auf den Markt kam. Dieser Rechner läutete die Computerisierung privater Haushalte ein. Berühmt wurde der Macintosh auch für seinen beeindruckenden Werbespot: Man sieht eine dystopische Gesellschaft, die an George Orwells Buch *1984* erinnert. Ein „Großer Bruder" spricht über einen riesigen Schirm zu den gleichgeschalteten Massen. Nur eine Frau wehrt sich: Athletisch gekleidet und mit einem Hammer bewaffnet, läuft sie auf den Bildschirm zu – sie wird verfolgt von Sicherheitskräften in schwarzer Uniform und mit Schlagstöcken. Doch die Frau rennt schnell, sie schleudert den Hammer in Richtung Bildschirm – und der Schirm explodiert. Daraufhin erklingt eine Stimme aus dem Off: „Am 24. Januar wird Apple Computer den Macintosh vorstellen. Und Sie werden sehen, warum 1984 nicht wie ‚1984' sein wird."[212] Dieser einminütige Spot gilt als Meisterwerk der Werbung. Macintosh stilisierte sich damals als Rebell am Computermarkt, als Unternehmen, das den bestehenden Status quo herausfordert. Und nebenbei suggerierte die Werbung auch: Apple steht für Freiheit, für Widerstand.

Der Spot ist tatsächlich genial gemacht, nur eines irritiert mich daran: Wie sich manche Marken als Heilsbringer positionieren. Ich zumindest habe die Selbstdarstellung digitaler Konzerne als Helfer der Menschheit oder wohlmeinende Revolutionäre satt. Genau betrachtet arrangieren sich einige Technikanbieter nämlich durchaus mit autoritären Regimen.[213][214] In den App-Stores von Apple und Google findet man ein Programm, das saudische Männer auf ihr Smartphone laden können. Die App heißt „Absher" und wurde vom Königreich Saudi-Arabien programmiert. Die Software alarmiert Männer, wenn ihre Frau oder Tochter versuchen sollte, ohne die Erlaubnis des Mannes das Land zu verlassen. Als diese App in den USA und Europa bekannt wurde, als Medien wie die *New York Times* und *Business Insider* darüber berichteten, sorgte dies für heftige Kritik.[215]

Natürlich ist das zugrunde liegende Problem nicht die Software an sich, sondern die gesetzlich legitimierte Unterdrückung von Frauen in Saudi-Arabien. Nur wird an diesem Beispiel deutlich: Selbst für solche Zwecke wurde eine eigene App programmiert! Zwar vermarkten Unternehmen wie Apple ihre Produkte als weltverändernde Instrumente.[216] Aber anders als die Werbung suggeriert, wird uns nicht der Kauf irgendeines Computers vor einer dystopischen Zukunft bewahren. Wenn wir eine dystopische Zukunft verhindern wollen, dürfen wir nicht blind darauf vertrauen, dass irgendwelche Unternehmen unsere Interessen hier vertreten werden. Wir müssen selbst digitale Bürgerrechte einfordern, neue demokratische Standards und eine Vision entwickeln, was es bedeutet, ein freier und selbstbestimmter Mensch in einer zunehmend digitalen Welt zu sein. Gerade in Europa haben wir die Chance, aufbauend auf unserer starken Tradition von Grundrechten, Konsumentenschutz und Wettbewerbsrecht wieder rote Linien einzuführen. Wir müssen auch unser soziales Gefüge verteidigen, das darauf begründet ist, dass möglichst Viele von der digitalen Revolution profitieren – und nicht nur Einzelne. Eine solche positive digitale Zukunft ist möglich, wir können daran arbeiten, wir müssen sogar. Und ich möchte fünf Ideen präsentieren, die zumindest ein Start sein können, uns näher dorthin zu führen.

1.) Gebt Bürgern Einblick!

Eines der größten Probleme im Netz ist die Informationsasymmetrie: Wir Bürger haben oft keinen Einblick, welche Daten über uns erfasst oder wie diese Daten genutzt werden. Und das ist für uns aus ökonomischer und demokratischer Sicht ein Nachteil. So können wir vielfach die Mechanismen des digitalen Handels nicht mehr nachvollziehen. Warum wird uns das eine Produkt angezeigt und das andere nicht? Das bleibt bisher verborgen. Oder: Warum sehen wir manche politische Werbung – und andere sehen wir nicht? Auch auf dieser Ebene lässt sich ein Informationsgefälle beobachten.

Betrachten wir kurz noch einmal die Werbung im Netz: Ich habe ja schon dargestellt, dass man auf Plattformen wie Facebook sehr gezielt Menschen bewerben kann – zum Beispiel basierend auf den Interessen, die die Plattform ihren Usern aufgrund des Klickverhaltens zurechnet. Für Parteien ist das praktisch! Ein Politiker kann unterschiedlichen Wählern basierend auf deren Interessen unterschiedliche Botschaften anzeigen lassen. Bei der Bundestagswahl 2017 fiel zum Beispiel der CDU-Politiker Jens Spahn damit auf, dass er bei AfD-Fans mit einer strengen Grenzpolitik warb – ganz zugeschnitten auf die Zielgruppe. Bei anderen Nutzern hingegen gab er sich weltoffen, da schaltete er ein Inserat, das die Vielfalt in Deutschland positiv herzeigte.[217] Facebook wird auf derartige Bedenken wahrscheinlich einwenden: Die Plattform hat einzelne missbrauchsanfällige Werbeformen bereits eingeschränkt, außerdem ist die Transparenz auf der Seite gestiegen. Das stimmt. Zum Beispiel gibt es mittlerweile ein eigenes Archiv für politische Werbung, wo man einsehen kann, welche Beiträge Parteien seit dem Frühjahr 2019 beworben haben. Das sind Schritte in die richtige Richtung. Aber wissen Sie was: Sie sind nicht genug. Zum Beispiel lässt sich in diesem Archiv bisher nicht abrufen, bei welchen Zielgruppen eine Werbung geschaltet wurde. Für Journalisten oder Wissenschaftler ist es daher oft nicht rekonstruierbar, welche Zielgruppen eine Werbung angezeigt bekamen.

In meinen Augen ist das Problem hier ein grundsätzliches: Derzeit überlassen wir es den Unternehmen, die an Onlinewerbung verdienen, selbst zu entscheiden, wie viel sie über diese Onlinewerbung verraten. Es liegt im Ermessen von Facebook oder Google, was sie über Werbung offenlegen, die auf ihrer Plattform geschaltet wird. Doch es sollte nicht diesen Unternehmen freigestellt sein, wie viel sie der Öffentlichkeit zeigen: Wir brauchen gesetzlich Transparenzregeln für Onlinewerbung. Mein Vorschlag:

Die EU sollte einheitliche Vorgaben machen, wie viel Transparenz bei allen Formen personalisierter Werbung auf großen Plattformen notwendig ist. Meines Erachtens sollte man bei jedem Werbetreibenden sehen können, welche Inserate er gerade schaltet und welche Zielgruppen er anspricht. Wenn Werbung immer mächtiger und immer mehr auf den Einzelnen zugeschnitten wird, dann sollten der Einzelne sowie Journalisten oder Wissenschaftler mehr Einblick bekommen, wie diese Werbung funktioniert. Die derzeit fehlende Information schwächt die Position von Bürgern – sowohl als Konsument als auch als Wähler. Gesetzlich verankerte Transparenzpflichten können helfen, hier wieder auf Augenhöhe mit den großen Plattformen und ihren Werbekunden zu gelangen.

Das führt zu einem weiteren bedeutenden Feld: Wir brauchen Einblicke in algorithmische Entscheidungen, denn sowohl private Anbieter als auch staatliche Einrichtungen nutzen Software zunehmend, um Entscheidungen über uns zu treffen. Zum Beispiel habe ich beschrieben, wie das Arbeitsmarktservice in Österreich Arbeitslose von einem Algorithmus bewerten lässt oder wie Amazon Polizeibehörden Gesichtserkennungssoftware anbietet. Es ist offensichtlich, dass wir hier neue Transparenzregeln brauchen. Die schwierigere Frage ist nur: Wie können diese aussehen?

Hier gibt es bereits hilfreiche Ideen. Die Informatiker Katharina Zweig und Tobias Krafft sprechen von einer „langen Kette der Verantwortlichkeit", bei der es an unterschiedlichen Stellen Transparenz braucht.[218] Vom ersten Design des Algorithmus bis hin zur konkreten Anwendung können Fehler oder unerwünschte Nebeneffekte auftreten. Gerade bei sehr heiklen Entscheidungen, für die Algorithmen herangezogen werden, sollten an jedem Punkt dieser Kette Evaluierungen stattfinden. Eine Auflage kann beispielsweise sein, dass Wissenschaftler Zugang zu den Daten erhalten, die ein Algorithmus nutzt, und Zugang zu den Ergebnissen, die er liefert. So können Forscher dann Tests durchführen, ob der Algorithmus öfter falsch liegt oder ob er Nebeneffekte hat – wie die

Diskriminierung mancher Bevölkerungsgruppen –, die niemand beabsichtigt hatte.

Die Überprüfung moderner Algorithmen ist technisch durchaus kompliziert, aber sie ist in vielen Fällen möglich. Wir brauchen – am besten auf europäischer Ebene – klare Vorgaben, in welchen Bereichen unabhängige Wissenschaftler oder gar staatliche Prüfstellen mehr Einblick bekommen müssen. So wie die Lebensmittelaufsicht die Qualität von Nahrungsmitteln kontrolliert, brauchen wir eine Möglichkeit, die Qualität von besonders bedeutenden Algorithmen zu testen.

Wie ich bereits erzählt habe, beeinflussen Algorithmen, wer einen Kredit bekommt, wie hoch eine Versicherungsrate sein kann oder sogar Entscheidungen in der Justiz und Verwaltung. „Wichtig ist: Es soll in Anwendungsfällen mit einer solchen Brisanz immer die Möglichkeit geben, dass ein Mensch nachvollziehen kann, wieso der Computer zur jeweiligen Entscheidung kam", meint Tobias Krafft, der auf dieses Thema spezialisiert ist. Denn es gibt Formen von Algorithmen, deren Entscheidungen zum derzeitigen Zeitpunkt für Wissenschaftler nicht wirklich nachvollziehbar sind – einzelne Methoden machen einen solchen Einblick kompliziert, besonders auch dann, wenn die Software basierend auf neuen Daten im Alltag stets dazulernt. Krafft und Zweig plädieren dafür, bei wichtigen Entscheidungen über Menschen keine Algorithmen zu verwenden, die nicht einsehbar sind. Es ist sehr realistisch, dass algorithmische Berechnungen in den kommenden Jahren noch bedeutender werden, dass solche Software in immer mehr Bereichen eingesetzt wird. Daher ist es jetzt an der Zeit, regulierend einzugreifen – an einem Punkt, wo wir solche Standards verhältnismäßig einfach einführen können.

Ein letzter Gedanke dazu: Es geht hier nicht nur um private Anbieter, auch der Staat setzt zunehmend auf Algorithmen in seinen wichtigen Entscheiden. Gerade europäische Länder könnten als Vorreiter auftreten und als Erste definieren, in welchen Feldern der Verwaltung stets eine verpflichtende Evaluierung stattfinden muss, ehe ein Algorithmus zum Einsatz kommt. Schließlich soll ja ein Staat immer erklären können, nach welchen Kriterien er Entscheidungen über seine Bürger trifft. Je mehr Software solche Funktionen übernimmt, desto expliziter muss diese Erklärungspflicht auch für Software gelten.

2.) Konfrontiert die Riesen unserer Zeit!

Wir müssen uns mittlerweile die Frage stellen, ob wir uns in einem zweiten „Gilded Age" befinden. Das Gilded Age (auf Deutsch: „vergoldetes Zeitalter") begann im späten 19. Jahrhundert und war die Blütezeit der Kapitalisten in den USA – sie wurde geprägt von Unternehmern wie dem Ölmagnaten John D. Rockefeller, die von Dominanz träumten. Sie sahen Monopole – ihre eigenen – als etwas Gutes an. Während die breite Masse unter extremer Armut litt, lebten sie in einem Reichtum, der für die meisten unvorstellbar war. Zum Teil scheinen diese Unternehmer sogar die Ansicht vertreten zu haben, ihr Erfolg sei von Gott bestimmt. Dies dokumentiert der Rechtswissenschaftler Tim Wu in seinem beeindruckenden Buch *The Curse of Bigness*. Wu vertritt die These, dass wir erneut in einem Gilded Age angelangt sind. „Am sichtbarsten in unserem täglichen Leben ist die große Macht von Technologieplattformen, speziell Google, Facebook und Amazon haben herausragende Macht über unser Leben errungen. Mit dieser Zentralisierung privater Macht ging eine erneute Konzentration von Wohlstand und ein großer Graben zwischen Arm und Reich einher", schreibt er – und warnt, dass eine solche Kluft in der Gesellschaft auch die politische Debatte radikalisieren kann.[219]

Interessant an diesem historischen Vergleich ist, wie er endete: nämlich mit einem Machtwort der Politik. Präsident Theodore Roosevelt leitete 1906 ein kartellrechtliches Verfahren gegen Standard Oil ein, Rockefellers Konzern. 1911 entschied das amerikanische Höchstgericht, dass Standard Oil tatsächlich marktschädliche Methoden eingesetzt hatte und in 34 Teile zerschlagen gehöre. Roosevelt meinte später über seinen Kampf gegen Monopole: „Es war unerlässlich, den Herren der mächtigsten Unternehmen im Land zu zeigen, dass sie nicht über dem Gesetz stünden, und dass ihnen auch nicht erlaubt würde, die Ansicht zu vertreten, sie stünden über dem Gesetz."[220]

Gegenwärtig spielen nicht mehr Öl oder Schienennetze eine zentrale Rolle, sondern Daten und technische Infrastruktur. Aber damals wie heute geht es um folgende Frage: Wer gibt die Regeln in unserer Gesellschaft vor – sind es demokratisch legitimierte Regierungen oder einzelne, sehr einflussreiche Unternehmen? Eine Schieflage wird deutlich, wenn sogar die Firmenchefs einflussreicher Konzerne ihr Führungsteam mit einer Regierung vergleichen. Im Buch *The Facebook Effect*, das 2010 erschien, sagt Mark Zuckerberg etwa: „In vielerlei Hinsicht ähnelt Facebook mehr einer Regierung als einem traditionellen Unternehmen. Wir haben diese große Gemeinschaft von Leuten und mehr als andere Technologieunternehmen geben wir Regeln vor."[221]

Solche Zitate weisen auf ein reales Problem hin: Wir müssen dafür sorgen, dass die Regeln von gewählten Parlamenten vorgegeben werden – und nicht von in ihrem Unternehmen allmächtigen Firmengründern.Müssen wir Facebook also zerschlagen? Facebook selbst hat mittlerweile seine öffentlichen Statements geändert und auch Zuckerberg betont nun, dass er der Meinung sei, dass mehr Regulierung notwendig sei, damit einflussreiche Unternehmen nicht im Alleingang die Regeln definieren. Konkret schlägt der Facebook-Chef Regulierung zu Hassrede und anderen problematischen Inhalten, zu Wahlmanipulation, Datenschutz und Datenportierbarkeit vor (Letzteres bedeutet, dass man seine Information leichter von einer Webseite zur anderen transferieren kann). Jedoch scheinen diese Vorschläge einigen Kritikern nicht genug – sie deuten diese sogar als Versuch, noch weitreichendere Schritte zu verhindern.[222] So fordert etwa Chris Hughes, einer der Mitgründer Facebooks, tatsächlich die Zerschlagung des Unternehmens. In der *New York Times* schreibt er: „Facebook hat nicht Angst vor ein paar neuen Regeln. Es hat Angst vor einem wettbewerbsrechtlichen Verfahren und einer Form der Verantwortung, die eine ernsthafte staatliche Aufsicht mit sich bringen würde.“[223]

Nüchtern juristisch betrachtet, ist eine Zerschlagung in Europa (noch) kein Thema. Auf europäischer Ebene läuft nicht einmal ein wettbewerbsrechtliches Verfahren gegen den Riesen unter den sozialen Netzwerken. Lediglich das deutsche Bundeskartellamt fällt mit seiner strengen Prüfung auf, die ich in Kapitel 4 erwähnte. Ich denke aber, mittelfristig müssen wir über härtere Sanktionen für marktbeherrschende Digitalkonzerne nachdenken – sofern diese ihre Marktmacht missbrauchen.

Was ziemlich wirkungslos scheint, sind Geldbußen: Bisher erhielten Google oder Facebook hauptsächlich Geldbußen für einzelne Verstöße. Diese höchst profitablen Anbieter können sich allerdings selbst Milliardenzahlungen leisten, ohne dass es ihr Geschäft gefährdet. Facebook beispielsweise plante in seiner Bilanz für das erste Quartal 2019 eine Strafe in Höhe von drei Milliarden Dollar ein. Denn es rechnete mit einer so hohen Sanktion der US-Wettbewerbsbehörde FTC – wegen Datenschutzverstößen. Das ist natürlich extrem viel Geld, aber bedenken Sie, wie viel Umsatz das Unternehmen macht: Allein im ersten Quartal 2019 streifte Facebook rund 15 Milliarden Dollar mit Werbung ein. Trotz der eingeplanten Strafzahlung verbuchte der Konzern im ersten Quartal 2019 einen Nettogewinn von 2,4 Milliarden Dollar.[224] Und als Facebook schließlich sogar 5 Milliarden Dollar Strafe der FTC erhielt, sank der Aktienkurs direkt danach nicht – er stieg sogar. Facebook ist so lukrativ, dass es Geldbußen weniger spürt als Unternehmen, die eine niedrigere Umsatzrentabilität aufweisen. Rein monetäre Auflagen werden uns nicht weit bringen. Ich vermute auch deshalb, dass sich die Debatte über eine Zerschlagung intensivieren wird. Übrigens: Auch im ersten Gilded Age kam die Zerschlagung von Standard Oil nicht über Nacht, sondern sie war das Ergebnis eines jahrelangen

Abwägens, Prüfens und schließlich einer harten, aber wirkmächtigen Reaktion. Ich halte es für möglich, dass wir uns derzeit auf einem ähnlichen Pfad der Eskalation befinden.

Das Gute ist: In Europa wird schon über andere, für Marktführer unbequeme Sanktionen nachgedacht. Die bisher zuständige EU-Kommissarin Margrethe Vestager beauftragte Experten, einen Bericht mit neuen Vorschlägen für ein „Wettbewerbsrecht in der digitalen Ära“ zu erarbeiten. Das Ergebnis ist ein aufschlussreiches Dokument, das die Eigenheiten von Geschäftsmodellen im Netz beleuchtet (etwa, dass Kunden mit Daten und nicht mit Geld zahlen). „Ich persönlich halte das für ziemlich gut. Die Botschaft ist im Grunde, dass wir einige der bestehenden Instrumente adaptieren müssen, um die Marktmacht besser prüfen zu können, aber wir müssen nicht die grundsätzlichen europäischen Regeln neu erfinden“, sagt Agustín Reyna, Wettbewerbsrechtsexperte beim europäischen Konsumentenschutzverband BEUC.

Zum Beispiel empfiehlt dieser Bericht, strenger beim Kauf von innovativen Start-ups hinzuschauen. Facebook konnte auch deswegen so groß werden, weil ihm erlaubt worden war, sowohl Instagram als auch WhatsApp zu schlucken. Der Bericht im Auftrag der EU-Kommission rät, solche Akquisen stärker auf ihren strategischen Wert hin zu untersuchen. Es soll verhindert werden, dass ein Marktführer mit taktischen Käufen verhindert, dass neuer Wettbewerb entsteht – und somit seine Marktmacht einzementiert. „In Zukunft muss die Analyse auch eine Abschätzung der strategischen Relevanz solcher Zusammenschlüsse inkludieren (…)“, schreiben die Experten Jacques Crémer, Yves-Alexandre de Montjoye und Heike Schweitzer in ihrem Papier.[225] Das ist gut – denn wir brauchen eine Europäische Union, die strenger auf solche Marktmacht-Taktiken blickt.

In ihrem Bericht sprechen die Experten auch an, dass marktbeherrschende Unternehmen gezwungen werden könnten, wichtige Daten mit kleineren Mitbewerbern zu teilen. Wohlgemerkt sollen diese Kundendaten anonymisiert werden. Die Hoffnung hierbei ist, dass kleinere Anbieter so die Chance bekommen, ebenfalls innovative Produkte zu entwickeln.

Dieses „data sharing“ ist aktuell eine populäre Idee bei Wettbewerbsjuristen, ich bin aber aus zwei Gründen skeptisch. Erstens stellt sich immer die Frage, ob anonymisierte Daten wirklich anonym sind. Wenn Sie zum Beispiel das Bewegungsprofil eines Handynutzers kennen, können Sie in vielen Fällen seine Identität herausfinden. Je mehr Datenmengen man über einen User hat, desto einfacher ist dieser identifizierbar. Mein zweiter Einwand: Diese Idee würde dazu führen, dass noch mehr Unternehmen noch mehr Information haben. In meinen Augen sollten wir aber eher an gegenteiligen Lösungen arbeiten – an jenen, die Datensammeln und Datenweitergabe verringern. Ich fände es sinnvoller, ähnlich wie das deutsche Bundeskartellamt das bei Facebook tat, eher zu begrenzen, welche Daten Marktführer einfach so erfassen oder verknüpfen dürfen.

Sie merken: Es gibt unterschiedliche Ansätze und nicht die eine simple Lösung. Aber genau das ist die Herausforderung der nächsten Jahre: Wir müssen diese schwierige Diskussion, wie wir Riesen in die Schranken weisen können, führen. In vielen Fällen existieren bereits die nötigen rechtlichen Instrumente – aber es geht darum, diese auch stärker anzuwenden.

Übrigens: Auch in den USA wird diese Debatte zunehmend ernsthafter geführt. Wie der Standard-Oil-Fall zeigte, haben die Vereinigten Staaten eine lange und strenge Tradition des Wettbewerbsrechts. Die Vereinigten Staaten tendierten anfangs sogar dazu, im Zweifelsfall zu große Unternehmen lieber zu zerschlagen. Nur wurde in den vergangenen Jahren, speziell unter Präsident George W. Bush, aber auch unter Präsident Barack Obama, das Kartellrecht vernachlässigt. Die dominanten Internetdienste wuchsen in einer Zeit heran, in der die USA einen Laissez-faire-Kurs führten und weniger streng als in der Vergangenheit auf den Markt blickten.

Es gibt Anzeichen, dass auch in den Vereinigten Staaten das Wettbewerbsrecht wiederentdeckt und auf digitale Konzerne angewendet wird. Ich fände es gut, wenn Europa hier die USA zunehmend als Verbündeten hat. Von einer Sache bin ich zutiefst überzeugt: Diese Phase der Lockerheit gegenüber der Marktmacht einzelner Riesen muss enden. Wir können es uns nicht leisten, locker zu bleiben, wenn die Riesen unserer Zeit Wettbewerb und Wahlfreiheit erschweren.

3.) Es braucht öffentlich-rechtliche Diskussionsräume!

Apropos Marktführer: Wir müssen uns damit beschäftigen, dass die Marktmacht einzelner Digitalkonzerne gleichzeitig eine Medienmacht ist: Facebook und Google liefern mit ihren Plattformen (Facebook, WhatsApp, Instagram, YouTube) mittlerweile die bedeutendsten Orte für politischen Austausch. Gewiss gibt es weiterhin Feuilletons, in denen namhafte Journalisten ihre Meinung kundtun können, oder es gibt Leserkommentare auf den Webpages vieler Zeitungshäuser. Aber machen wir uns nichts vor: Das Leitmedium der digitalen öffentlichen Debatte ist Facebook, speziell unter Erwachsenen. Und für die jüngeren User erfüllt vielfach YouTube diese Aufgabe. Selbst wenn Sie als Einzelperson diese Kanäle boykottieren, was ja einige machen, muss man feststellen: Ein großer Teil der Internetbevölkerung ist weiterhin dort anwesend und diskutiert dort über seichte bis ernste Themen. Eine Besonderheit ist, dass diese Räume zwar öffentlich einsehbar, aber nicht im öffentlichen Besitz sind. Die Regeln für die eigene Plattform oder was den Nutzern als nächstes Video eingeblendet oder als Post im Feed angezeigt wird, das geben diese börsennotierten Unternehmen vor.[226]

Schon im Jahr 2013 brachte der Medienwissenschaftsprofessor Ethan Zuckerman vom Massachusetts Institute of Technology (MIT) dazu folgenden Vergleich: „Obwohl Plattformen wie YouTube, Twitter oder Facebook sich wie öffentliche Räume anfühlen mögen, sind sie in Wirklichkeit private Unternehmen, die kontrolliert werden über Haftungsverträge, denen Benutzer zustimmen müssen, ehe sie diesen Raum betreten dürfen. Die Rede auf diesen Plattformen entspricht weniger einer Kundgebung in einem öffentlichen Park – es ist eher so, als würde man eine Ansprache in der Shopping Mall führen (…)".[227]

Das ist eine wichtige Erkenntnis: Wir haben es leider versäumt, digitale Debattenräume zu etablieren, die der Allgemeinheit gehören. Die starke Konzentration auf einzelne, ganz wenige Anbieter im Netz führt nun dazu, dass auch unsere öffentliche Debatte vielfach von den Unternehmensentscheidungen dieser wenigen Anbieter abhängt. Facebooks und YouTubes Algorithmen bestimmen, was ein signifikanter Teil der Bevölkerung über die Welt erfährt. Das Problem daran: Immer wieder taucht der Verdacht auf, dass diese Algorithmen zuallererst darauf ausgerichtet sind, dass gewisse Unternehmensziele erfüllt werden, etwa, dass User viel Zeit auf einer Plattform verbringen oder dort umso mehr Inhalte konsumieren. Denn davon profitiert die Plattform, weil sie nebenbei Werbung einblenden kann (was ihr Geschäftsmodell ist).[228]

In meinen Augen heißt das Problem nicht einfach „Facebook" oder „Google": Diese mächtigen Unternehmen sind ja nur Symptome eines Internets, in dem wir nicht genügend darüber diskutieren, was eine öffentliche oder öffentlich-rechtliche Aufgabe in digitalen Zeiten sein sollte. Die Online-Enzyklopädie Wikipedia zum Beispiel ist eine positive Ausnahme, sie ist zwar nicht öffentlich-rechtlich angelegt, aber zumindest stellt sie die einzige große Plattform dar, die nicht kommerziell ausgerichtet ist.

Wenn uns die Kommerzialisierung des digitalen Raums nicht behagt, dann sollten wir über mehr Alternativen nachdenken: Ich glaube, wir müssen das Konzept des öffentlich-rechtlichen Rundfunks auf digitale Medien umlegen. Der öffentlich-rechtliche Rundfunk wurde geschaffen, um journalistische Qualitätsansprüche zu forcieren, wie die Ausgewogenheit in der Berichterstattung, seriöse Information oder auch „die Förderung des Verständnisses für alle Fragen des demokratischen Zusammenlebens", wie es beispielsweise im ORF-Gesetz steht.[229] Nun kann man natürlich diskutieren, ob öffentlich-rechtliche Sender diesem Auftrag in jeder Sendung gerecht werden. Aber zumindest würde ich die Existenz dieser Sender als demokratische Errungenschaft einstufen. Es ist gut, dass es den öffentlich-rechtlichen Rundfunk gibt. Die Frage ist nun: Kann es uns gelingen, öffentlich-rechtliche Ansätze in die digitale Medienlandschaft zu transferieren?

Da gibt es zwei relevante Ebenen. Erstens existieren schon länger Ideen, dass Europa eigene öffentlich-rechtliche Plattformen aufbaut. Für Deutschland schlagen die Professoren Christoph Bieber, Leonhard Dobusch und Jörg Müller-Lietzkow eine „Internetintendanz" vor. Unter anderem soll eine Plattform „im Sinne eines ‚Public Open Space'" geschaffen werden, die alle bestehenden Mediatheken der öffentlich-rechtlichen Sender ersetzt und gleichzeitig auch Debatten zu den hergezeigten Inhalten ermöglicht.[230] Für mich klingt das nach einer klugen Idee, es wäre zumindest ein deutlich sichtbarer Gegensatz zu YouTube. Immer wieder wird auch gefordert, dass Europa eine eigene, öffentlich-rechtliche Facebook-Alternative starten soll. Ich halte neue Plattform-Versuche für sinnvoll: Um gerade auch jenen Bürgern eine bessere Ausweichmöglichkeit zu bieten, die die vorherrschenden Anbieter problematisch finden. Allerdings erscheint es mir eher unrealistisch, dass so einfach die Marktmacht dieser Riesen gebrochen wird: Ob eine Plattform wirklich populär und reichweitenstark ist, können die EU oder einzelne Staaten nicht vorprogrammieren – egal, wie viel Geld sie hineinstecken. Angesichts der bestehenden Größe der digitalen Riesen halte ich es eher für wahrscheinlich, dass solche Angebote kein Ersatz von Facebook oder YouTube sein würden, sondern eine sinnvolle Ergänzung.

In meinen Augen ist daher die Forderung falsch, dass öffentlich-rechtliche Sender wie die ARD oder der ORF nicht mehr auf den kalifornischen sozialen Medien kommunizieren sollen: Verbannt man öffentlich-rechtliche Sender von Facebook und YouTube, dann verhindert man, dass sie einen Teil der Bevölkerung erreichen können. Gerade weil sie öffentlich-rechtlich sind, sollen diese Sender auch dort kommunizieren können, wo sie tatsächlich die Bevölkerung antreffen.

Zweitens müssen wir auch über die bereits bestehenden, dominanten Plattformen sprechen. Wir brauchen, wie schon erwähnt, mehr Transparenz von Algorithmen. Gerade bei Facebook und YouTube müssen wir einfordern, dass sie die inhaltliche Selektion durch ihre Algorithmen sehr genau erklären sowie endlich auch unabhängige Wissenschaftler an ihre Software heranlassen. Und nachdem wir seriöse wissenschaftliche Ergebnisse vorliegen haben (was wir derzeit nicht haben), wie diese Plattformen ihre Inhalte denn auswählen, sollten wir über die Algorithmen dieser medienmächtigen Unternehmen diskutieren. Zum Beispiel muss man die Frage aufwerfen: Wie könnte der Facebook-Algorithmus aussehen, wenn er nach öffentlich-rechtlichen Kriterien gestaltet ist?

Ich sage ganz offen: Ich habe diese Antwort nicht, ich glaube, niemand hat sie bisher. Aber angesichts der Tatsache, dass sich die weltweit mächtigsten Medienkanäle unserer Zeit in der Hand von nur zwei Unternehmen befinden, sollten wir zunehmend darüber reden, wie weit sich diese Unternehmen der Öffentlichkeit erklären müssen – speziell, nach welchen Kriterien sie Information für ein Milliardenpublikum anzeigen. Wir wissen bisher viel zu wenig, deswegen halte ich es für verfrüht, ganz konkrete Vorschläge zu machen.

Meine grundsätzliche Empfehlung lautet: Wir haben nun fünfzehn Jahre zugeschaut, wie neue Medienriesen wie YouTube und Facebook herangewachsen sind. In den nächsten fünfzehn Jahren müssen wir ernsthaft darüber reden, wie wir nicht nur kommerzielle Angebote nutzen, sondern auch neue öffentlich-rechtliche Medien und Diskussionsräume schaffen können.

4.) Wir brauchen rote Linien!

Ich habe nun erklärt, dass es Transparenzpflichten, eine strenge Marktaufsicht und auch Medienpluralismus braucht. Noch etwas

Drittes kommt hinzu: Wir brauchen darüber hinaus rote Linien. Es ist an der Zeit, dass wir als Gesellschaft definieren, wo die Grenzen sind – also, für welche Zwecke Daten nicht gesammelt oder nicht ausgewertet werden dürfen. Denn im Moment gleichen die Geschäftsbedingungen mancher Unternehmen einem Freibrief für alles Mögliche. Betrachten wir Google: Wenn Sie die Suchmaschine oder andere Dienste dieses Konzerns benutzen wollen, müssen Sie auch dessen Datenschutzerklärung zustimmen. Und darin räumt sich Google weitreichende Rechte ein, etwa steht in dem Dokument: „Wir nutzen die im Rahmen unserer bestehenden Dienste erhobenen Daten zur Entwicklung neuer Dienste.“[231]

Dieser Satz klingt im ersten Moment harmlos und unverfänglich. Aber überlegen Sie nur, wie offen und unpräzise das formuliert ist. Gemäß dieser Passage kann Google sogar neue militärische Anwendungen mithilfe der gesammelten Daten entwickeln – schließlich wird nicht begrenzt, welche „neuen Dienste“ zulässig sind. Und so absurd ist diese Überlegung nicht einmal: Google hat bereits mit dem US-Militär zusammengearbeitet. Für das amerikanische Verteidigungsministerium hat Google Video-Erkennungssoftware für Militärdrohnen entwickelt. Erst nach heftigem Protest der eigenen Mitarbeiter gab das Unternehmen 2018 bekannt, es werde die Kooperation nicht verlängern.[232]

Juristisch ist es derzeit umstritten, ob Googles Geschäftsbedingungen hier bereits zu vage und zu weitreichend sind, sodass sie der Datenschutzgrundverordnung widersprechen. „Wir halten solche Passagen in Googles Verträgen für rechtswidrig. Hier holt sich Google eine viel zu umfassende Erlaubnis, genau das will die Datenschutzgrundverordnung verhindern“, sagt Jurist Max Schrems von der Organisation Noyb. Zusätzlich zu diesen bereits laufenden Rechtsstreitigkeiten bräuchte es dringend eine mediale Debatte über grundsätzliche rote Linien: Wie stehen wir zum Beispiel militärischen Anwendungsformen von künstlicher Intelligenz gegenüber?

Das ist kein dystopisches Science-Fiction-Gedankenspiel, das ich hier ausformuliere: Tatsächlich wird auf europäischer Ebene genau über solche Fragen, etwa die militärische Anwendung von künstlicher Intelligenz in Drohnen oder anderen Systemen, diskutiert. Soll Europa hier strenger einschreiten? In den vergangenen Jahren gab es die Tendenz, viele Themen der Selbstregulierung zu überlassen – also, dass Unternehmen frei sind, selbst ihre roten Linien zu ziehen. Zum Teil ist sogar beunruhigend, wie weit der Drang zur Selbstregulierung geht – dies zeigt eine sehr aktuelle Debatte rund um künstliche Intelligenz.

Die EU hat einige Expertengremien gestartet, um Fragen der Digitalisierung fachkundig zu beantworten. Ein solches Gremium ist die bereits erwähnte High-Level Expert Group on Artificial Intelligence. In einem ersten Schritt sollten die Experten dieses Beirats Richtlinien für „vertrauenswürdige künstliche Intelligenz" erarbeiten. Allerdings übte ein Mitglied dieser Expertengruppe im Anschluss Kritik: Thomas Metzinger ist Professor für Theoretische Philosophie an der Johannes Gutenberg-Universität Mainz und meint: „Industrieinteressen haben sich durchgesetzt." Er habe versucht, in dem Dokument auch eindeutige rote Linien vorzuschlagen, für welche Zwecke künstliche Intelligenz in Europa nicht genutzt werden darf. „Der Einsatz von tödlichen autonomen Waffensystemen war ein naheliegender Punkt auf unserer Liste", schreibt Metzinger im *Tagesspiegel*. Aber in den Gesprächen habe er gemerkt, dass eine so deutliche Positionierung nicht gewünscht sei.[233]

Die positive Nachricht: Etwas später legte das Expertengremium ein konkreteres Dokument vor, in dem es sehr wohl mögliche rote Linien künstlicher Intelligenz anspricht und für eine Überprüfung der Rechtslage plädiert.[234] Das Ganze sieht derzeit wie ein Tauziehen zwischen Industrievertretern und Vertretern der Zivilgesellschaft und Konsumentenschützern aus. Die große Frage ist nun, welcher Richtung die EU-Kommission jetzt folgt. Meine Position ist klar: Wir brauchen nicht nur ethische

Grundlinien, sondern darauf aufbauend konkrete Gesetze, die gewisse Horrorszenarien verhindern.

Hier kann, hier muss die Europäische Union ernstere Töne anschlagen. Ich halte dies auch für möglich: Dass sich die EU trotz des Drucks gut finanzierter Lobbys zu sehr strengen Regeln aufraffen kann, hat die Einführung der Datenschutzgrundverordnung gezeigt. Die DSGVO hat gewiss manche Schattenseiten – sie bringt einigen Aufwand für kleine Unternehmen oder Vereine, die zwar über keine wirkliche Datenmacht, aber über eine Webseite oder einen Newsletter verfügen. In diesem Punkt verstehe ich den Unmut über dieses Dokument. Jedoch ist die Datenschutzgrundverordnung gleichzeitig eine Errungenschaft. Und interessant ist auch: Heute tut Mark Zuckerberg so, als sei er ein Fan dieser Regelung. Aber bis die Datenschutzgrundverordnung beschlossen wurde, versuchte der Konzern massiv dagegen zu lobbyieren. [235]

Das zeigt: Es ist möglich, sehr weitreichende und strenge Regulierungen trotz des Widerstands mancher Industrievertreter durchzubringen. Ich halte es daher auf jeden Fall für möglich, dass Europa weitere und dickere rote Linien zieht. Mein fünfter und abschließender Vorschlag geht auf die heutige soziale Frage ein – bei der ebenfalls große Weichenstellungen nötig werden.

5.) Wir alle müssen profitieren!

Im Jahr 2015 gab der Physiker Stephen Hawking ein Interview in der Reihe „Ask Me Anything“ des Onlineportals Reddit. Internetnutzer konnten via Chat Fragen stellen. Ein Student wollte von Hawking wissen, wie er über die Gefahr denkt, dass Technologie Arbeitslosigkeit verursachen könnte. Wie sieht der Physiker hier die Zukunft? Hawking antwortete: „Wenn Maschinen alles produzieren, das wir benötigen, hängen die Auswirkungen ganz davon ab, wie die Dinge verteilt werden. Jeder kann ein Leben in luxuriöser Freizeit genießen, wenn der maschinell produzierte Reichtum geteilt wird. Oder die meisten Menschen können in miserabler Armut enden, wenn die Besitzer der Maschinen erfolgreich gegen die Umverteilung des Wohlstands lobbyieren. Bisher scheint der Trend eher in die zweite Richtung zu gehen, bei der Technologie die permanent wachsende Ungleichheit antreibt."[236]

Es gibt guten Grund zur Sorge, dass die Digitalisierung zu einer Neuverteilung des Reichtums führt – aber nicht in dem Sinne, dass dann die breite Masse insgesamt mehr hat, sondern dass einzelne wenige Unternehmen umso mehr Profit machen und dass sie dafür vergleichsweise wenig Steuern zahlen. Gleichzeitig lässt sich beobachten, dass über digitale Plattformen auch teilweise sehr schlecht bezahlte Jobs mit miserablen Arbeitsbedingungen entstehen. Das sind für die meisten Bürger alarmierende Entwicklungen. Eine entscheidende Herausforderung der nächsten Jahrzehnte wird sein, eine Umverteilung von den reichsten digitalen Akteuren hin zum Rest der Bevölkerung zu erreichen.

Von all den erwähnten Punkten ist das der Schwierigste: Weil es ums Geld geht, um Macht – und weil wir uns sogar trauen müssen, die bestehende Logik unseres Wirtschaftssystems zu überdenken. Ich habe ausführlich das derzeitige Steuersystem beschrieben und wie es global tätigen Digitalkonzernen gelingt, ihre Gewinne in Steueroasen zu verbuchen. Der internationale Steuerwettbewerb, bei dem Länder ihre Steuern senken, um ein attraktiver Standort für Konzerne zu sein, ist ein Verlustgeschäft für Europa. Milliarden entgehen uns schon jetzt aufgrund „steuerschonender" Konstruktionen. Als einzelner Staat kann man natürlich gewisse Methoden strenger überprüfen – man kann ein Stück weit gegen einzelne Tricks vorgehen. Wichtig ist, dass der Fiskus genügend und genügend professionelles Personal hat, um auch global orientierte Konzerne genau prüfen zu können. Aber noch mehr als das: Es braucht auch große Lösungen – konkret eine Neuausrichtung der Steuerlogik. In Kapitel 6 beschrieb ich beispielsweise die Idee einer globalen Mindeststeuer, die Deutschland derzeit favorisiert und die auf OECD-Ebene diskutiert wird.

Das ist ein möglicher Zugang, bei dem Industrieländer einen Teil der entfallenen Steuern zurückholen könnten mit dem Ziel, Steuerakrobatik nicht mehr so enorm profitabel zu machen. Bisher gibt es noch keine konkreten Reformen – aber dass selbst auf Ebene der OECD durchaus neue und weitreichende Ansätze diskutiert werden, stimmt mich hoffnungsvoll.

Ich denke, es wird überdies auch neue Steuern brauchen – nämlich für jene digital versierten Industriezweige, die mit relativ wenig Personal immense Gewinne machen. Denn wenn ein Unternehmen mit nur wenigen Angestellten herausragend hohe Profite erzielt, dann ist das gut für diesen Betrieb und seine Eigentümer – es hat aber negative Auswirkungen für uns als Gesellschaft: Dieses Unternehmen spart sich nicht nur Gehälter, sondern auch Beiträge für die Sozialversicherung. Weniger Jobs führen auch zu weniger Einnahmen für das Sozialsystem. Kein Wunder also, dass selbst der Milliardär Bill Gates mittlerweile für eine Art Robotersteuer eintritt, die als Ersatz für wegfallende Sozialversicherungsbeiträge dient.[237] Auch gibt es mittlerweile Ideen, dass der über Daten erwirtschaftete Reichtum besteuert werden sollte.

Im Grunde geht es darum: Wenn sich Geschäftsmodelle oder die Art, wie Waren produziert werden, massiv verändern, müssen sich Steuern und Abgaben dem anpassen. Denn ansonsten riskieren wir, dass die Allgemeinheit vom erwirtschafteten Reichtum zu wenig abbekommt. Das können wir uns gar nicht leisten, wenn wir einen Staat wollen, der ein gutes Schulsystem, ein umfassendes Gesundheitssystem und genügend Sozialleistungen zur Verfügung stellt. Und wenn wir davon ausgehen, dass ein Teil der Arbeitsplätze durch Digitalisierung wegfällt oder zumindest bedroht ist, dann müssen wir umso dringender auf diese Neuausrichtung des Steuersystems pochen.

Wie Stephen Hawking schon andeutete: Das Problem ist nicht fehlender Reichtum, sondern die Aufteilung des Reichtums. Hier müssen wir uns auch trauen, neue Steuerideen und eine gerechtere Aufteilung einzufordern. Denn: Diese Veränderung ist möglich. Ich habe in diesem Buch mit Steuerrechtsexperten, mit Wettbewerbsrechtlern, mit Konsumentenschützern, mit kleineren Mitbewerbern und mit Datenschützern gesprochen. Was mich bei diesen Gesprächen immer wieder faszinierte und optimistisch stimmte: Diese Experten haben längst Antworten, was wir tun können.

Mittlerweile gibt es diese Idee, dass Europa ein Internet nach eigenen Werten errichten soll – das klingt gut. Nur führt das zur schwierigeren Frage: Wie könnte ein solches europäisches Internet aussehen? Meine Vorschläge sind ein noch deutlicherer Schutz von Grundrechten, genügend Kontrollmechanismen gegenüber Mächtigen, ein Festhalten an öffentlich-rechtlichen Medienräumen sowie am sozialen Ausgleich.

Ersteres bedeutet, dass Datenschutz ernsthaft verfolgt wird und gleichzeitig neue Regeln eingeführt werden, welche Informationen digitale Anbieter (zum Beispiel über Onlinewerbung und über Algorithmen) vorlegen müssen. Zweitens ist das Wettbewerbsrecht von enormer Bedeutung, das garantieren soll, dass große Unternehmen trotzdem noch fair agieren und kleinere Anbieter nicht aus dem Markt bugsieren dürfen. Andererseits geht es hier auch darum, dass der Staat transparenter sein muss, etwa, welche Auswertungen er selbst macht oder welche Daten er von Bürgern auf welche Weise einsetzt. Und schlussendlich müssen wir auch die Frage der sozialen Gerechtigkeit in digitalen Zeiten beantworten, also dass das Internet als Motor für Wohlstand für viele und nicht für wenige eingesetzt wird. Das können Eckpfeiler eines europäischen Internets sein, die wir erst einschlagen müssen. Aber es gibt bereits Experten, die Baupläne für solche Eckpfeiler skizzieren können. Bauen wir dieses neue, dieses andere Internet!

Im Grunde dreht sich dieses Buch um eine simple Erkenntnis: Das Internet ist nicht gottgegeben, es wurde von Menschen gemacht. Die Geschäftsmodelle der Digitalisierung und ihre konkrete technische Ausgestaltung sind eine Erfindung von uns Menschen. Das heißt aber auch, wir Menschen können diese

Erfindung beeinflussen, weiter verändern. Es gibt nicht die eine, einzig denkbare Variante des Internets. Es gibt viele mögliche Spielformen. Und ich persönlich bin zutiefst davon überzeugt, dass es in den nächsten zwanzig, dreißig Jahren darum gehen wird, die Ausgestaltung des Internets nach demokratischen Werten weiterzuformen – und damit sicherzustellen, dass diese wunderbare Erfindung möglichst vielen Menschen etwas bringt.

Dank

Dieses Buch wäre nicht möglich gewesen, ohne dem wertvollen Input, den kritischen Anmerkungen, der Geduld und der Unterstützung vieler kluger Menschen. Danke an Martin, Jakob Winter, Martina Lindorfer, Peter Thyri, Max Schrems, Barbara Blaha, Barbara Prainsack, Dimitar Hristov, Dominik Bernhofer, Bernhard Pörksen, Daniel Laiminger, Jakob Kapeller, Ursula Pachl, Agustín Reyna, Tobias Krafft, Marjolein Lanzing, Wolfie Christl, Louise Horvath, Brett Frischmann, Maria Noel Fernandez, Maggie Childs, Roger McNamee, Alan Mislove, Scott Galloway, Rhema Vaithianathan, Carl Frey, Rogier Creemers, Karen Yeung, Eva Kocher, Mirela Ivanova, Gustavo Grullon, Ann Cavoukian, Kristina Verner, Nikolaus Brandstätter, Ulli Steinwender, Burghard List, Horst Grabensberger, Kornelia Mohl, Kristina Lindenthal, Friederike Harr, Julia Herrele und dem gesamten Team des Brandstätter-Verlags – sowie meiner Lektorin Teresa Profanter.

Quellen und Anmerkungen

Einleitung: Eine persönliche Geschichte

1 Bankston, Kevin: Facebook's New Privacy Changes: The Good, The Bad, and The Ugly, online unter: https://www.eff.org/deeplinks/2009/12/facebooks-new-privacy-changes-good-bad-and-ugly

2 Kirkpatrick, Marshall: Facebook's Zuckerberg Says The Age of Privacy Is Over, online unter: https://archive.nytimes.com/www.nytimes.com/external/readwriteweb/2010/01/10/10readwriteweb-facebooks-zuckerberg-says-the-age-of-privac-82963.html

3 Kirby, Jen: Zuckerberg: Facebook has systems to stop hate speech. Myanmar groups: No, it doesn't., online unter: https://www.vox.com/2018/4/6/17204324/zuckerberg-facebook-myanmar-rohingya-hate-speech-open-letter

4 Facebook: Company Info, online unter: https://newsroom.fb.com/company-info/

5 Stewart, Emily: Mark Zuckerberg is essentially untouchable at Facebook, online unter: https://www.vox.com/technology/2018/11/19/18099011/mark-zuckerberg-facebook-stock-nyt-wsj

6 Alvarez-Martinez, Maria u.a.: How Large is the Corporate Tax Base Erosion and Profit Shifting? A General Equilibrium Approach, online unter: http://www.cesifo-group.de/DocDL/cesifo1_wp6870.pdf

7 Silicon Valley Rising: Soaring Rents, Falling Wages, online unter: https://siliconvalleyrising.org/files/SoaringRentsFallingWages.pdf

1. Alles unter der Sonne

8 Konkret können Sie das auf https://adssettings.google.com/authenticated einsehen.

9 Schmidt, Douglas: Google Data Collection, online unter: https://digitalcontentnext.org/wp-content/uploads/2018/08/DCN-Google-Data-Collection-Paper.pdf

10 Ebd.

11 Mayer-Schönberger, Viktor/Cukier, Kenneth: Big Data. A Revolution That Will Transform How We Live, Work and Think. John Murray, London 2013. S. 15

12 Schindler, Martin: Statt Zugausfall: Predictive Maintenance und Big Data, online unter: https://www.silicon.de/41639676/statt-zugausfall-predictive-maintenance-und-big-data

13 Vanian, Jonathan: The 9 Companies Behind the A.I. Acquisition Boom, online unter: http://fortune.com/2018/06/25/ai-acquisition-apple-facebook-amazon-twitter/

14 Zuboff, Shoshana: Das Zeitalter des Überwachungskapitalismus. Campus, Frankfurt 2018. S. 22

15 Ebd., S. 33

16 Google: reCAPTCHA v3: Easy on Humans, Hard on Bots, online unter: https://www.google.com/recaptcha/intro/v3.html

17 Schroepfer, Mike: An Update on Our Plans to Restrict Data Access on Facebook, online unter: https://newsroom.fb.com/news/2018/04/restricting-data-access/

18 DriveNow: Allgemeine Geschäftsbedingungen der DriveNow Austria GmbH , online unter: https://www.drive-now.com/at/de/gtc

19 N.N.: Since its inception, Sidewalk Labs has been conducting a thought experiment with…, online unter: http://www.passivehousecanada.com/wp-content/uploads/2017/12/TO-Sidewalk-Labs-Vision-Sections-of-RFP-Submission-sm.pdf

20 Wylie, Bianca: Sidewalk Toronto: Amnesia, Willful Ignorance, and the Beautiful Anti-Democratic Neighbourhood of the Future, online unter: https://medium.com/@biancawylie/sidewalk-toronto-amnesia-wilful-blindness-and-the-beautiful-anti-democratic-neighbourhood-of-32341737a4dc

21 CBC News: 'Not good enough': Toronto privacy expert resigns from Sidewalk Labs over data concerns, online unter: https://www.cbc.ca/news/canada/toronto/ann-cavoukian-sidewalk-data-privacy-1.4872223

2. Was wir über unsere Geräte nicht wissen

22 Pan, Elleen u.a.: Panoptispy: Characterizing Audio and VideoExfiltration from Android Applications, online unter: https://martina.lindorfer.in/files/papers/panoptispy_pets18.pdf

23 Brandom, Russell: Shadow profiles are the biggest flaw in Facebook's privacy defense, online unter: https://www.theverge.com/2018/4/11/17225482/facebook-shadow-profiles-zuckerberg-congress-data-privacy

24 Venkatadri, Giridhari u.a.: Investigating sources of PII used in Facebook'stargeted advertising, online unter: https://mislove.org/publications/PII-PETS.pdf

25 Kranig, Thomas: Pressemitteilung, online unter: https://www.lda.bayern.de/media/pm2018_18.pdf

26 FPÖ: Datenschutzerklärung, online unter: https://www.fpoe.at/datenschutz/

27 Andreou, Athanasios u.a.: Investigating Ad Transparency Mechanisms in SocialMedia: A Case Study of Facebook's Explanations, online unter: https://mislove.org/publications/Explanations-NDSS.pdf

28 Zuckerberg, Mark: The Facts About Facebook, online unter: https://www.wsj.com/articles/the-facts-about-facebook-11548374613

29 Facebook: Facebook Q4 2018 Results, online unter: https://s21.q4cdn.com/399680738/files/doc_financials/2018/Q4/Q4-2018-Earnings-Presentation.pdf

30 Hitlin, Paul/Rainie, Lee: Facebook Algorithms and Personal Data, online unter: https://www.pewinternet.org/2019/01/16/facebook-algorithms-and-personal-data/

3. Tücken der Wahlfreiheit

31 Thaler, Richard/Sunstein, Cass: Nudge. Wie man kluge Entscheidungen fällt. Ullstein, 2018. S. 18f.

32 Lessig, Lawrence: Code version 2.0, online unter: http://codev2.cc/

33 Grimmelmann, James: Saving Facebook, online unter: https://papers.ssrn.com/sol3/papers.cfm?abstract_id=1262822

34 Ebd.

35 Acquisti, Alessandro u.a.: The Impact of Relative Standards on the Propensity to Disclose, online unter: https://www.cmu.edu/dietrich/sds/docs/loewenstein/ImpactRelStandards.pdf

36 Bond, Robert u.a.: A 61-million-person experiment in social influenceand political mobilization, online: http://www.nature.com/nature/journal/v489/n7415/full/nature11421.html

37 McNamee, Roger: Zucked. Waking Up to the Facebook Catastrophe. HarperCollins, London 2018.

38 Thaler, Richard/Sunstein, Cass, S. 15.

39 Susser, Daniel u.a.: Online Manipulation: Hidden Influences in a Digital World, online unter: https://papers.ssrn.com/sol3/papers.cfm?abstract_id=3306006

40 Schechner, Sam/Secada, Mark: You Give Apps Sensitive Personal Information. Then They Tell Facebook., online unter: https://www.wsj.com/articles/you-give-apps-sensitive-personal-information-then-they-tell-facebook-11550851636

41 Lanzing, Marjolein: "Strongly Recommended" Revisiting Decisional Privacy to Judge Hypernudging in Self-Tracking Technologies, online unter: https://link.springer.com/article/10.1007/s13347-018-0316-4

4. Die Macht der Riesen

42 N.N.: Die Zerstörung der CDU. YouTube-Video von Account „Rezo ja lol ey" vom 18. Mai 2019, online unter: https://www.youtube.com/watch?v=4Y1lZQsyuSQ

43 Facebook: Company Info, online unter: https://newsroom.fb.com/company-info/

44 Brodnig, Ingrid: Wie viel Aufsicht darf es sein?, online unter: https://www.derstandard.at/story/2000105879585/facebook-regulieren-wie-viel-aufsicht-darf-es-sein

45 Statcounter: Search Engine Market Share Germany, online unter: http://gs.statcounter.com/search-engine-market-share/all/germany

46 Kroker, Michael: E-Commerce in Deutschland: Amazon vor Otto & Zalando, 31 Milliarden Euro Gesamtumsatz, online unter: https://blog.wiwo.de/look-at-it/2018/09/12/e-commerce-in-deutschland-amazon-vor-otto-zalando-31-milliarden-euro-gesamtumsatz/

47 Ovide, Shira/Molla, Rani: Technology Conquers Stock Market, online unter: https://www.bloomberg.com/opinion/articles/2016-08-02/tech-giants-form-fab-five-to-dominate-stock-valuation-chart

48 Grullon, Gustavo u.a.: Are U.S. Industries Becoming More Concentrated?, online unter: https://papers.ssrn.com/sol3/papers.cfm?abstract_id=2612047

49 Jackson, Eric: Why the FTC Should Block Facebook's Acquisition Of Instagram, online unter: https://www.forbes.com/sites/ericjackson/2012/06/05/why-the-ftc-should-block-facebooks-acquisition-of-instagram/#3d2ee9db1661

50 Warzel, Charlie/Mac, Ryan: These Confidential Charts Show Why Facebook Bought WhatsApp, online unter: https://www.buzzfeednews.com/article/charliewarzel/why-facebook-bought-whatsapp

51 European Commission: Communication from the Commission to the European Parliament and the Council, online unter: https://ec.europa.eu/taxation_customs/sites/taxation/files/communication_fair_taxation_digital_economy_21032018_en.pdf

52 The Economist: How regulators can prevent excessive concentration online, online unter: https://www.economist.com/special-report/2018/06/28/how-regulators-can-prevent-excessive-concentration-online

53 Thyri, Peter: Over the Top-Dienste im Internet, online unter: http://www.thyri.eu/file/2015/06/Over-the-Top-Dienste-im-Internet-%E2%80%93-Neue-Herausforderungen-f%C3%BCr-Wettbewerbs-und-Regulierungsrecht-MR-2014-227.pdf

54 European Commission: REGULATION (EC) No 139/2004 MERGER PROCEDURE, online unter: http://ec.europa.eu/competition/mergers/cases/decisions/m7217_20141003_20310_3962132_EN.pdf

55 European Commission: Mergers: Commission fines Facebook €110 million for providing misleading information about WhatsApp takeover, online unter: http://europa.eu/rapid/press-release_IP-17-1369_en.htm

56 Olson, Parmy: Exclusive: WhatsApp Cofounder Brian Acton Gives The Inside Story On #DeleteFacebook And Why He Left $850 Million Behind, online unter: https://www.forbes.com/sites/parmyolson/2018/09/26/exclusive-whatsapp-cofounder-brian-acton-gives-the-inside-story-on-deletefacebook-and-why-he-left-850-million-behind/#6c3179163f20

57 Thiel, Peter: Competition Is for Losers, online unter: https://www.wsj.com/articles/peter-thiel-competition-is-for-losers-1410535536

58 Thiel, Peter: The Education of a Libertarian, online unter: https://www.cato-unbound.org/2009/04/13/peter-thiel/education-libertarian

59 Losse, Kate: I was Zuckerberg's speechwriter. "Companies over countries" was his early motto, online unter: https://www.vox.com/first-person/2018/4/11/17221344/mark-zuckerberg-facebook-cambridge-analytica

60 Hughes, Chris: It's Time To Break Up Facebook, online unter: https://www.nytimes.com/2019/05/09/opinion/sunday/chris-hughes-facebook-zuckerberg.html

61 Brodnig, Ingrid: EU-Wettbewerbskommissarin Vestager: „Keine Steuern zahlen ist nicht fair", online unter: https://www.profil.at/wirtschaft/eu-wettbewerbskommissarin-vestager-keine-steuern-apple-google-wettbewerb-7542759

62 Scott, Mark: Europe fines Google €1.49B in third antitrust case, online unter: https://www.politico.eu/article/europe-google-margrethe-vestager-adsense-antitrust-competition-fine/

63 Bundeskartellamt: Verwaltungsverfahrenverfügung GEM.§32 ABS. 1 GWB, online unter: https://www.bundeskartellamt.de/SharedDocs/Entscheidung/DE/Entscheidungen/Missbrauchsaufsicht/2019/B6-22-16.pdf?__blob=publicationFile&v=6

64 Solon, Olivia/Wong, Julia Carrie: Jeff Bezos v the world: why all companies fear 'death by Amazon', online unter: https://www.theguardian.com/technology/2018/apr/24/amazon-jeff-bezos-customer-data-industries

5. Angst um die Arbeit

65 Dastin, Jeffrey: Exclusive: Amazon rolls out machines that pack orders and replace jobs, online unter: https://www.reuters.com/article/us-amazon-com-automation-exclusive/exclusive-amazon-rolls-out-machines-that-pack-orders-and-replace-jobs-idUSKCN1SJ0X1

66 Bezos, Jeff: "We are What We Choose", online unter: https://www.princeton.edu/news/2010/05/30/2010-baccalaureate-remarks

67 Stone, Brad: The Everything Store. Jeff Bezos And The Age of Amazon. Transworld Publishers, London 2013. S.134

68 Soper, Spencer: Amazon's Clever Machines Are Moving From the Warehouse to Headquarters, online unter: https://www.bloomberg.com/news/articles/2018-06-13/amazon-s-clever-machines-are-moving-from-the-warehouse-to-headquarters

69 Galloway, Scott: The Four. Die geheime DNA von Amazon, Apple, Facebook und Google. Plassen, Kulmbach 2018. S.62

70 McFarland, Matt: I spent 53 minutes in Amazon Go and saw the future of retail, online unter: https://edition.cnn.com/2018/10/03/tech/amazon-go/index.html

71 Amazon: Amazon Go, online unter: https://www.amazon.com/b?ie=UTF8&node=16008589011

72 Center of the Governance of Change: European Tech Insights 2019, online unter: https://www.ie.edu/cgc/research/tech-opinion-poll-2019/

73 Healy, Mark: Captcha If You Can, online unter: https://www.ceros.com/originals/recaptcha-waymo-future-of-self-driving-cars/

74 Waters, Richard/Burn-Murdoch, John: Waymo builds big lead in self-driving car testing, online unter: https://www.ft.com/content/7c8e1d02-2ff2-11e9-8744-e7016697f225

75 Frey, Carl Benedikt/Osborne, Michael: The Future Of Employment: How Susceptible Are Jobs To Computerisation?, online unter: https://www.oxfordmartin.ox.ac.uk/downloads/academic/The_Future_of_Employment.pdf

76 OECD: Policy Brief on the Future of Work, online unter: http://www.oecd.org/els/emp/future-of-work/Automation-policy-brief-2018.pdf

77 Frey/Osborne: a.a.O.

78 Ferguson, Donna: The Amazon worker: paid £18,000 a year to shift 250 items an hour https://www.theguardian.com/money/2018/jan/20/amazon-worker-warehouse

79 Bauer, Lucia: Problemfall Amazon, online unter: https://kompetenz-online.at/2019/06/12/problemfall-amazon/

80 Creator: Imagining a newculinary possibility, online unter: http://creator.rest/

81 Michaels, Matthew: The San Francisco housing market is so absurd that teachers are living in dorms — even though their salaries are some of the highest in the country, online unter: https://www.businessinsider.de/affordable-home-prices-on-teacher-salary-in-san-francisco-2018-4?r=US&IR=T

82 Della Cava, Marco: Robots invade foodie San Francisco, promising low prices, tasty meals and cheap labor, online unter: https://eu.usatoday.com/story/news/2019/04/06/robots-invade-foodie-san-francisco-promising-low-prices-cheap-labor/3334069002/

83 Silicon Valley Rising: a.a.O.

84 N.N.: Invisible no longer: Google's shadow workforce speaks up, Medium-Blogeintrag vom Account "Google Walkout For Real Change" vom 5. Dezember 2018, online unter: https://medium.com/@GoogleWalkout/invisible-no-longer-googles-shadow-workforce-speaks-up-9ea04b7bcc41

85 Tiku, Nitasha: Google Walkout Organizers Say They're Facing Retaliation, online unter: https://www.wired.com/story/google-walkout-organizers-say-theyre-facing-retaliation/

86 Newton, Casey: The Trauma Floor, online unter: https://www.theverge.com/2019/2/25/18229714/cognizant-facebook-content-moderator-interviews-trauma-working-conditions-arizona

87 Krause, Till/Grassegger, Hannes: Inside Facebook, online unter: https://www.sueddeutsche.de/digital/exklusive-sz-magazin-recherche-inside-facebook-1.3297138

88 Gale, Janelle/Chandra, Arun: An Update on Compensating and Supporting Facebook's Contractors, online unter: https://newsroom.fb.com/news/2019/05/compensating-and-supporting-contractors/

89 Martínez, Antonio García: How Silicon Valley Fuels an Informal Caste System, online unter: https://www.wired.com/story/how-silicon-valley-fuels-an-informal-caste-system/

90 Kantor, Jodi/Streitfeld, David: Inside Amazon: Wrestling Big Ideas in a Bruising Workplace, online unter: https://www.nytimes.com/2015/08/16/technology/inside-amazon-wrestling-big-ideas-in-a-bruising-workplace.html

91 Streitfeld, David/Kantor, Jodi: Jeff Bezos and Amazon Employees Join Debate Over Its Culture, online unter: https://www.nytimes.com/2015/08/18/technology/amazon-bezos-workplace-management-practices.html

92 The Economist: Digital Taylorism, online unter: https://www.economist.com/business/2015/09/10/digital-taylorism

93 Staab, Philipp/Nachtwey, Oliver: Die Digitalisierung der Dienstleistungsarbeit, online unter: https://www.bpb.de/apuz/225692/die-digitalisierung-der-dienstleistungsarbeit

94 Breit, Lisa: Clickwork im Selbstversuch: Sechs Euro für zwei Stunden, online unter: https://derstandard.at/2000088977821/Clickwork-im-Selbstversuch-Sechs-Euro-fuer-zwei-Stunden

95 Strube, Sebastian: Eine Woche billige Klickarbeit machte mich zum digitalen Lumpenproletarier, online unter: https://www.vice.com/de/article/aekpag/billige-clickarbeit-und-das-digitale-lumpenproletariat-919

96 Economic Policy Institute: Uber drivers earn the equivalent of $9.21 in hourly wages, online unter: https://www.epi.org/press/uber-drivers-earn-the-equivalent-of-9-21-in-hourly-wages-uber-and-other-gig-platforms-account-for-far-less-of-the-economy-than-many-estimates-suggest/

97 Meredith, Sam/Kharpal, Arjun: Uber suffers setback as EU rules that it's a transport service, not a digital company, online unter: https://www.cnbc.com/2017/12/20/eu-rules-that-uber-is-a-transport-service-not-a-digital-company.html

98 Männer, Stella: „Das, was Deliveroo macht, ist rechtswidrig", online unter: https://www.zeit.de/arbeit/2019-01/arbeitsbedingungen-deliveroo-foodora-mitarbeiter-fahrer-kontrolle

99 Prassl, Jeremias: Humans as a Service. The Promise and Perils of Work in the Gig Economy. Oxford University Press, Oxford 2018. S. 11f.

100 Ebd., S. 25

101 Brinker, Titus u.a.: Deep learning outperformed 136 of 157 dermatologists in a head-to-head dermoscopic melanoma image classification task, online unter: https://www.ejcancer.com/article/S0959-8049(19)30221-7/fulltext

102 Glertz, Julia/Parsch, Stefan: Computer schlägt Arzt Algorithmus erkennt Hautkrebs präziser als Dermatologen , online unter: https://www.berliner-zeitung.de/wissen/computer-schlaegt-arzt-algorithmus-erkennt-hautkrebs-praeziser-als-dermatologen-32387722

6. Wie Steuern verloren gehen

103 Simonite, Tom: Apple's Latest iPhone Packed with AI, online unter: https://www.wired.com/story/apples-latest-iphones-packed-with-ai-smarts/

104 Schuster, Mike u.a.: Zero-Shot Translation with Google's Multilingual Neural Machine Translation System, online unter: https://ai.googleblog.com/2016/11/zero-shot-translation-with-googles.html

105 Somers, James: Is AI Riding a One-Trick Pony?, online unter: https://www.technologyreview.com/s/608911/is-ai-riding-a-one-trick-pony/

106 Ford, Martin: The 'Godfather of Deep Learning' on Why We Need to Ensure AI Doesn't Just Benefit the Rich, online unter: https://gizmodo.com/the-godfather-of-deep-learning-on-why-we-need-to-ensure-1831239688

107 Alvarez-Martinez, a.a.O.

108 EU Commission: Communication from the Commission to the European Parliament and the Council, online unter: https://ec.europa.eu/taxation_customs/sites/taxation/files/communication_fair_taxation_digital_economy_21032018_en.pdf

109 Karl Renner Institut: Schluss mit dem Steuerwettbewerb. Chancen für mehr Gerechtigkeit im internationalen Steuersystem, YouTube-Video vom Account "Karl Renner Institut" vom 10. April 2019, online unter: https://www.youtube.com/watch?v=BEIMggzOZFg

110 EU Commission: Taxation Trends Report 2018 Edition, online unter: https://ec.europa.eu/taxation_customs/sites/taxation/files/taxation_trends_report_2018_key_messages.pdf

111 Richter, Lutz/Hontheim, Stefanie: Double Irish with a Dutch Sandwich: Pikante Steuergestaltung der US-Konzerne, online unter: https://der-betrieb.owlit.de/document/zeitschriften/der-betrieb/2013/heft-23/steuerrecht/aufsatze/double-irish-with-a-dutch-sandwich-pikante-st/MLX_314d?authentication=none

112 Wearden, Graeme: Germany cuts growth forecasts amid recession fears, as Ireland unveils budget - business live, online unter: https://www.theguardian.com/business/live/2014/oct/14/nervous-markets-await-eurozone-data-and-uk-inflation-business-live#block-543d252ee4b0541daf3cc609

113 Kassam, Sony: Google Cuts Taxes By Shifting Billions to Bermuda—Again, online unter: https://news.bloombergtax.com/transfer-pricing/google-cuts-taxes-by-shifting-billions-to-bermuda-again

114 Reuters: Alphabet Inc (GOOGL.OQ), online unter: https://www.reuters.com/finance/stocks/financial-highlights/GOOGL.OQ

115 In Österreich gibt es von ÖVP und FPÖ, deren schwarz-blaue Koalition im Mai 2019 platzte, Pläne für die Einführung einer „Digitalsteuer". Diese wäre aber keine Steuer auf Gewinne, sondern nur eine Werbeabgabe, die es in Österreich schon lange für Inserate im Print- oder Rundfunkbereich gibt. Es ist durchaus sinnvoll, dass eine Werbeabgabe von fünf Prozent auch für große Internetkonzerne anfällt, aber diese würde nur eine recht kleine Steuer darstellen – verglichen mit weitreichenderen Plänen wie einer digitalen Betriebsstätte.

116 Reiermann, Christian: Warum eine Digitalsteuer Deutschland teuer kommt, online unter: https://www.spiegel.de/spiegel/die-geplante-digitalsteuer-der-eu-kommission-koennte-deutschland-schaden-a-1198768.html

117 Oberson, X.: Taxing Robots? From the Emergence of an Electronic Ability to Pay to a Tax on Robots or the Use of Robots, online unter: https://www.ibfd.org/sites/ibfd.org/files/content/pdf/wtj_2017_02_int_3_SeptNewsletter.pdf

118 Delaney, Kevin: The robot that takes your job should pay taxes, says Bill Gates, online unter: https://qz.com/911968/bill-gates-the-robot-that-takes-your-job-should-pay-taxes/

119 National Science Foundation: On the Origins of Google, online unter: https://www.nsf.gov/discoveries/disc_summ.jsp?cntn_id=100660

120 Mazzucato, Mariana: Das Kapital des Staates. Eine andere Geschichte von Innovation und Wachstum. Antje Kunstmann, München 2014. S. 124

121 Ebd., S. 125f.

122 Ebd., S. 136f.

123 Ebd., S. 239

124 Ford, a.a.O.

7. Die Hoffnung eines Grundeinkommens

125 Clifford, Catherine: Elon Musk: Free cash handouts 'will be necessary' if robots take humans' jobs, online unter: https://www.cnbc.com/2018/06/18/elon-musk-automated-jobs-could-make-ubi-cash-handouts-necessary.html

126 Galloway, S. 61

127 CNBC: Mark Zuckerberg At Harvard: We Should Explore Ideas Like Universal Basic Income, YouTube-Video von Account "CNBC" vom 26. Mai 2017, online unter: https://www.youtube.com/watch?v=AYjDIFrY9rc

128 Precht, Richard David: Frei leben! In: Butterwegge, Christoph/Rinke, Karo (Hrsg.): Grundeinkommen kontrovers. Plädoyer für ein neues Sozialmodell. Beltz Juventa, Weinheim 2018. S. 38.

129 Wissenschaftliche Dienste des Deutschen Bundestages: Finanzierung eines bedingungslosen Grundeinkommens in Deutschland, online unter: https://www.bundestag.de/resource/blob/417862/3e097f1996bc9ec497f779180 59c3994/wd-5-201-06-pdf-data.pdf

130 Butterwegge, Christoph: Weder gerecht noch sozial. In: Butterwegge, Christoph/Rinke, Karo (Hrsg.): Grundeinkommen kontrovers. Plädoyer für ein neues Sozialmodell. Beltz Juventa, Weinheim 2018. S. 192ff.

131 Butterwegge, Christoph: Streit ums bedingungslose Grundeinkommen: Kristallisationspunkt gesellschaftspolitischer Kontroversen, online unter: https://www.focus.de/politik/experten/butterwegge/gastbeitrag-von-christoph-butterwegge-streit-ums-bedingungslose-grundeinkommen-kristallisationspunkt-gesellschaftspolitischer-kontroversen_id_9718434.html

132 Christl, Michael u.a.: Geld ohne Arbeit? Ausgewählte wirtschaftspolitische Aspekte der Einführung eines flächendeckenden Grundeinkommens, online unter: https://www.wko.at/site/WirtschaftspolitischeBlaetter/christl_koeppl-turyna_stephany_1-2018.pdf

133 Krämer, Ralf: Eine illusionäre Forderung und keine soziale Alternative In: Butterwegge, Christoph/Rinke, Karo (Hrsg.): Grundeinkommen kontrovers. Plädoyer für ein neues Sozialmodell. Beltz Juventa, Weinheim 2018. S. 136ff.

134 Martinelli, Luke: Assessing the Case for a Universal Basic Income in the UK, online unter: https://www.bath.ac.uk/publications/assessing-the-case-for-a-universal-basic-income-in-the-uk/attachments/basic_income_policy_brief.pdf

8. Auch Maschinen machen Fehler

135 Wiener Vorlesungen: Big Data und die Folgen, online unter: https://vorlesungen.wien.gv.at/site/big-data/

136 Dastin, Jeffrey: Amazon scraps secret AI recruiting tool that showed bias against women, online unter: https://www.reuters.com/article/us-amazon-com-jobs-automation-insight/amazon-scraps-secret-ai-recruiting-tool-that-showed-bias-against-women-idUSKCN1MK08G

137 Singer, Natasha: Amazon Is Pushing Facial Technology That a Study Says Could Be Biased, online unter: https://www.nytimes.com/2019/01/24/technology/amazon-facial-technology-study.html

138 N.N.: On Recent Research Auditing Commercial Facial Analysis Technology, Medium-Blogeintrag vom Account "Concerned Researchers" vom 26. März 2019, online unter: https://medium.com/@bu64dcjrytwitb8/on-recent-research-auditing-commercial-facial-analysis-technology-19148bda1832

139 Spiegel Online: Blackbox Schufa, online unter: https://www.spiegel.de/wirtschaft/service/schufa-so-funktioniert-deutschlands-einflussreichste-auskunftei-a-1239214.html Die Daten kamen über das Projekt OpenSchufa von AlgorithmWatch und Open Knowledge Foundation Deutschland.

140 Facebook: What's New with News Feed, online unter: https://www.facebook.com/watch/?v=10154622798918553

141 Angwin, Julia u.a.: Machine Bias, online unter: https://www.propublica.org/article/machine-bias-risk-assessments-in-criminal-sentencing

142 Falls Sie diese komplexe Streitfrage interessiert, bei der es auch um Statistik geht, kann ich Ihnen zwei Texte hierzu empfehlen: „Fairness und Qualität algorithmischer Entscheidungen“ von Katharina Zweig und Tobias Krafft, zu finden auf oeffentliche-it.de. Oder auf Englisch: „Bias detectives: the researchers striving to make algorithms fair“ von der Fachzeitschrift *Nature*, zu finden unter nature.com.

143 Grossenbacher, Tim: Polizei-Software verdächtigt zwei von drei Personen falsch, online unter: https://www.srf.ch/news/schweiz/predictive-policing-polizei-software-verdaechtigt-zwei-von-drei-personen-falsch

144 Szigetvari, András: AMS bewertet Arbeitslose künftig per Algorithmus, online unter: https://derstandard.at/2000089095393/AMS-bewertet-Arbeitslose-kuenftig-per-Algorithmus

145 Holl, Jürgen u.a.: Das AMS-Arbeitsmarktchancen-Modell, online unter: http://www.forschungsnetzwerk.at/downloadpub/arbeitsmarktchancen_methode_%20dokumentation.pdf

146 Kopf Johannes: 2018: gerundete Anteile der Frauen…, Tweet vom 27. Februar 2019, online unter: https://twitter.com/JohannesKopf/status/1100681851654627328

147 Danziger, Shai: Extraneous factors in judicial decisions, online unter: https://www.pnas.org/content/108/17/6889

148 Corbyn, Zoë: Hungry judges dispense rough justice, online: https://www.nature.com/news/2011/110411/full/news.2011.227.html

149 Weinshall-Margel, Keren/Shapard, John: Overlooked factors in the analysis of parole decisions, online unter: https://www.pnas.org/content/108/42/E833

150 Lakens, Daniël: Impossibly Hungry Judges, online unter: http://nautil.us/blog/impossibly-hungry-judges

151 Stafford, Tom: rational judges, not extraneous factors in decisions, online unter: https://mindhacks.com/2016/12/08/rational-judges-not-extraneous-factors-in-decisions/

152 Vaithianathan, Rhema u.a.: Developing Predictive Risk Models to Support Child Maltreatment Hotline Screening Decisions, online unter: https://www.alleghenycountyanalytics.us/wp-content/uploads/2017/04/Developing-Predictive-Risk-Models-package-with-cover-1-to-post-1.pdf

153 Allegheny County Department of Human Services: Impact Evaluation Summary of the Allegheny Family Screening Tool, online unter: https://www.alleghenycountyanalytics.us/wp-content/uploads/2019/05/Impact-Evaluation-Summary-from-16-ACDHS-26_PredictiveRisk_Package_050119_FINAL-5.pdf

154 Krafft, Tobias/Zweig, Katharina: Transparenz und Nachvollziehbarkeit algorithmenbasierter Entscheidungsprozesse, online unter: https://www.vzbv.de/sites/default/files/downloads/2019/05/02/19-01-22_zweig_krafft_transparenz_adm-neu.pdf

155 Verbraucherzentrale Bundesverband: Faktenblatt zu Künstlicher Intelligenz, online unter: https://www.vzbv.de/dokument/faktenblatt-zu-kuenstlicher-intelligenzonline unter: https://www.vzbv.de/dokument/faktenblatt-zu-kuenstlicher-intelligenz

156 Zweig, Katharina u.a.: Wo Maschinen irren können, online unter: https://www.bertelsmann-stiftung.de/fileadmin/files/BSt/Publikationen/GrauePublikationen/WoMaschinenIrrenKoennen.pdf

157 Google: Artificial Intelligence at Google: Our Principles, online unter: https://ai.google/principles/

158 Williams, Oscar: How Big Tech funds the debate on AI ethics, online unter: https://www.newstatesman.com/science-tech/technology/2019/06/how-big-tech-funds-debate-ai-ethics

159 Powles, Julia/Nissenbaum, Helen: The Seductive Diversion of 'Solving' Bias in Artificial Intelligence, Medium-Blogpost vom Account "Julia Powles" vom 7. Dezember 2018, online unter: https://medium.com/s/story/the-seductive-diversion-of-solving-bias-in-artificial-intelligence-890df5e5ef53

160 Ebd.

161 Samuel, Sigal: San Francisco banned facial recognition tech. Here's why other cities should too., online unter: https://www.vox.com/future-perfect/2019/5/16/18625137/ai-facial-recognition-ban-san-francisco-surveillance

9. Schattenseiten der Personalisierung

162 Walker, Leslie: Amazon Gets Personal With E-Commerce, online unter: https://www.washingtonpost.com/wp-srv/washtech/daily/nov98/amazon110898.htm

163 Verbraucherzentrale Hamburg: Dynamic Pricing: Digitale Preisschilder mit Flatterpreisen, online unter: https://www.vzhh.de/themen/lebensmittel-ernaehrung/einkaufsfalle-supermarkt/dynamic-pricing-digitale-preisschilder-flatterpreisen

164 Lekkerland: Process Manager Pricing – Schwerpunkt Transformationsprojekt m/w/d, online unter: https://www.lekkerland.com/jobs/process-manager-pricing-schwerpunkt-transformationsprojekt-m-w-d/

165 Profitero: Profitero Price Intelligence: Amazon makes more than 2.5 million daily price changes, online unter: https://www.profitero.com/2013/12/profitero-reveals-that-amazon-com-makes-more-than-2-5-million-price-changes-every-day/)

166 OECD: Personalised Pricing in the Digital Era – Note by BEUC, online unter: https://one.oecd.org/document/DAF/COMP/WD(2018)129/en/pdf

167 European Commission: Consumer market study on online market segmentation through personalised pricing/offers in the European Union, online unter: https://ec.europa.eu/info/sites/info/files/aid_development_cooperation_fundamental_rights/aid_and_development_by_topic/documents/exec_summary_online_personalisation_study_en.pdf

168 European Commission: Consumer market study on online market segmentation through personalised pricing/offers in the European Union, online unter: https://ec.europa.eu/info/sites/info/files/aid_development_cooperation_fundamental_rights/aid_and_development_by_topic/documents/synthesis_report_online_personalisation_study_final_0.pdf

169 Turow, Joseph: Open to Exploitation: America's Shoppers Online and Offline, online unter: https://repository.upenn.edu/asc_papers/35/

170 Allianz: Telematik-Versicherung: Wer sicher fährt, profitiert, online unter: https://www.allianz.de/auto/kfz-versicherung/telematik-versicherung/

171 Generali Vitality: Noch Fragen?, online unter: https://www.generali-vitalityerleben.de/noch-fragen/

172 Scism, Leslie: New York Insurers Can Evaluate Your Social Media Use—If They Can Prove Why It's Needed, online unter: https://www.wsj.com/articles/new-york-insurers-can-evaluate-your-social-media-useif-they-can-prove-why-its-needed-11548856802

10. Staaten als Komplizen

173 Powles, Julia/Hodson, Hal: Google DeepMind and healthcare in an age of algorithms, online unter: https://link.springer.com/article/10.1007%2Fs12553-017-0179-1

174 DeepMind: We are very excited to announce the launch of DeepMind Health, online unter: https://deepmind.com/blog/we-are-very-excited-announce-launch-deepmind-health/

175 Hodson, Hal: Revealed: Google AI has access to huge haul of NHS patient data, online unter: https://www.newscientist.com/article/2086454-revealed-google-ai-has-access-to-huge-haul-of-nhs-patient-data/

176 Hern, Alex: Google 'betrays patient trust' with DeepMind Health move, online unter: https://www.theguardian.com/technology/2018/nov/14/google-betrays-patient-trust-deepmind-healthcare-move

177 Österreichische Nationalbibliothek: Austrian Books Online, online unter: https://www.onb.ac.at/digitale-bibliothek-kataloge/austrian-books-online-abo

178 Brodnig, Ingrid: Ja, dürfen's denn das?, online unter: https://www.brodnig.org/2010/08/08/ja-durfens-denn-das/

179 Winston, Ali: Palantir has secretly been using New Orleans to test its predictive policing technology, online unter: https://www.theverge.com/2018/2/27/17054740/palantir-predictive-policing-tool-new-orleans-nopd

180 Winston, Ali: New Orleans ends its Palantir predictive policing program, online unter: https://www.theverge.com/2018/3/15/17126174/new-orleans-palantir-predictive-policing-program-end

181 Brühl, Jannis: Wo die Polizei alles sieht, online unter: https://www.sueddeutsche.de/digital/palantir-in-deutschland-wo-die-polizei-alles-sieht-1.4173809

182 Cuntz, Christoph: Koalitionsvertrag: CDU und Grüne wollen mehr Sicherheit, online unter: https://www.allgemeine-zeitung.de/politik/hessen/koalitionsvertrag-cdu-und-grune-wollen-mehr-sicherheit_19883609

183 Krempl, Stefan: Hessen: Schwarz-Grün will IP-Tracking, Taser und mehr Videoüberwachung, online unter: https://www.heise.de/newsticker/meldung/Hessen-Schwarz-Gruen-will-IP-Tracking-Taser-und-mehr-Videoueberwachung-4257763.html

184 Hanack, Peter: Zweifelhafter Software-Kauf, online unter: https://www.fr.de/rhein-main/cia-org26617/zweifelhafter-software-kauf-10966537.html

185 Brühl, a.a.O.

186 Hanack, Peter: Zweifel bei Palantir-Anschaffung bleiben, online unter: https://www.fr.de/rhein-main/zweifel-bleiben-12113625.html

187 ORF.at: Gesichtserkennung soll noch heuer starten, online unter: https://orf.at/stories/3119298/

188 Wimmer, Barbara: Das kann die Gesichtserkennungssoftware der Polizei, online unter: https://futurezone.at/netzpolitik/das-kann-die-gesichtserkennungssoftware-der-polizei/400534747

189 Spiegel Online: Innenminister wollen offenbar Daten von Alexa, Siri und Co. auswerten, online unter: https://www.spiegel.de/netzwelt/netzpolitik/innenminister-wollen-offenbar-daten-von-alexa-siri-und-co-auswerten-a-1270870.html

190 IGF: IGF 2018 Speech by French President Emmanuel Macron, online unter: https://www.intgovforum.org/multilingual/content/igf-2018-speech-by-french-president-emmanuel-macron

191 Creemers, Rogier: Planning Outline for the Construction of a Social Credit System (2014-2020), online unter: https://chinacopyrightandmedia.wordpress.com/2014/06/14/planning-outline-for-the-construction-of-a-social-credit-system-2014-2020/

192 Bloomberg: Inside China's High-Tech Dystopia, YouTube-Video vom Account "Bloomberg" vom 24. Januar 2019, online unter: https://www.youtube.com/watch?v=ydPqKhgh9Mg

193 Kobie, Nicole: The complicated truth about China's social credit system, online unter: https://www.wired.co.uk/article/china-social-credit-system-explained

194 Lutfi, Ilham: Wie China versucht, die Kultur der Uiguren auszulöschen, online unter: https://www.tagesspiegel.de/kultur/menschenrechte-wie-china-versucht-die-kultur-der-uiguren-auszuloeschen/23649560.html

195 Sudworth, John: China's hidden camps, online unter: https://www.bbc.co.uk/news/resources/idt-sh/China_hidden_camps

196 Buckley, Chris u.a.: How China Turned A City Into A Prison, online unter: https://www.nytimes.com/interactive/2019/04/04/world/asia/xinjiang-china-surveillance-prison.html

197 Washington Post: Transcript of Mark Zuckerberg's Senate hearing, online unter: https://www.washingtonpost.com/news/the-switch/wp/2018/04/10/transcript-of-mark-zuckerbergs-senate-hearing/?utm_term=.d1b74aa53a04

198 Swisher, Kara: Zuckerberg: The Recode interview, online unter: https://www.recode.net/2018/7/18/17575156/mark-zuckerberg-interview-facebook-recode-kara-swisher

199 Liao, Shannon: Google employees aren't convinced that Dragonfly is dead, online unter: https://www.theverge.com/2019/3/4/18250285/google-dragonfly-censored-search-engine-code-dead-employees-doubt

11. Digitale Zeitenwende

200 Spar, Debora: Pirates, Prophets and Pioneers. Random House, London 2001. S. 147

201 Ebd., S. 147f.

202 Barlow, John Perry: A Declaration of the Independence of Cyberspace, online unter: https://www.eff.org/cyberspace-independence.

203 Kaminska, Izabella: Zuckerberg: The man who would be monetary king, online unter: https://ftalphaville.ft.com/2019/06/18/1560848403000/Zuckerberg--The-man-who-would-be-monetary-king/

12. Was jeder Einzelne tun kann

204 Die Bürgerrechtsorganisation Noyb hat eine Übersicht für die größten Dienste (Amazon, Google, Apple, Facebook, Spotify, Netflix etc.) erstellt, die Punkt für Punkt erklärt, wie man dort um Auskunft anfragt: https://noyb.eu/anforderung-meiner-daten-von-streaming-diensten/?lang=de

205 Nocun, Katharina: Die Daten, die ich rief. Wie wir unsere Freiheit an Großkonzerne verkaufen. Bastei Lübbe, Köln 2018. S. 51f.

206 CNIL: The CNIL's restricted committee imposes a financial penalty of 50 Million euros against Google LLC, online unter: https://www.cnil.fr/en/cnils-restricted-committee-imposes-financial-penalty-50-million-euros-against-google-llc

207 Lohninger, Thomas: Der österreichische AK Vorrat hat einen Sieg für Bürgerrechte in Europa errungen: EuGH erklärt Vorratsdatenspeicherung für unzulässig, online unter: https://epicenter.works/content/der-oesterreichische-ak-vorrat-hat-einen-sieg-fuer-buergerrechte-in-europa-errungen-eugh

208 EUR-Lex: Directive (EU) 2019/790 of the European Parliament and the Council, online unter: https://eur-lex.europa.eu/eli/dir/2019/790/oj

209 Die Presse: Zehntausende demonstrieren gegen geplante EU-Urheberrechtsreform, online unter: https://diepresse.com/home/techscience/5600887/Zehntausende-demonstrieren-gegen-geplante-EUUrheberrechtsreform

210 Verein für Konsumenteninformation (Hrsg.): Handbuch Datenschutz. Verein für Konsumenteninformation, Wien 2018.

211 Beck, Sabine: Mein Kind hatte heute in der Schule einen Workshop…, Tweet vom 11. April 2019, online unter: https://twitter.com/sabine_beck/status/1116405067849052160

13. Neustart im Netz

212 N.N.: 1984 Apple's Macintosh Commercial (HD), YouTube-Video vom Account "Mac History" vom 1. Februar 2012, online unter: https://www.youtube.com/watch?v=VtvjbmoDx-I

213 Kühl, Eike: Apple ist keine Menschenrechtsorganisation, online unter: https://www.zeit.de/digital/internet/2017-07/china-apple-app-store-vpn-verbot/komplettansicht

214 Giridharadas, Anand: Silicon Valley's Saudi Arabia Problem, online unter: https://www.nytimes.com/2018/10/12/opinion/silicon-valley-saudi-arabia.html

215 Hubbard, Ben: Apple and Google Urged to Dump Saudi App That Lets Men Track Women, online unter: https://www.nytimes.com/2019/02/13/world/middleeast/saudi-arabia-app-women.html

216 MacTechNews: Vor 20 Jahren: Think different., online unter: https://www.mactechnews.de/news/article/Vor-20-Jahren-Think-different-167589.html

217 Hausen, Johannes: Was hinter dem geheimen Facebook-Wahlkampf steckt, online unter: https://www.vice.com/de/article/59d9pd/was-hinter-dem-geheimen-facebook-wahlkampf-steckt

218 Krafft/Zweig, a.a.O.

219 Wu, Tim: The Curse of BIgness. Antitrust in the New Gilded Age. Columbia Global Reports, New York 2018. S. 15

220 Ebd., S. 53

221 Kirkpatrick, David: The Facebook Effect: The Real Inside Story of Mark Zuckerberg and the World's Fastest Growing Company. Virgin Books, Croydon 2010. S. 254.

222 Zuckerberg, Mark: Mark Zuckerberg: The Internet needs new rules. Let's start in these four areas., online unter: https://www.washingtonpost.com/opinions/mark-zuckerberg-the-internet-needs-new-rules-lets-start-in-these-four-areas/2019/03/29/9e6f0504-521a-11e9-a3f7-78b7525a8d5f_story.html

223 Hughes, a.a.O.

224 Facebook: Facebook Q1 2019 Results, online unter: https://s21.q4cdn.com/399680738/files/doc_financials/2019/Q1/Q1-2019-Earnings-Presentation.pdf

225 Crémer, Jacques u.a.: Competition policy for the digital era, online unter: http://ec.europa.eu/competition/publications/reports/kd0419345enn.pdf

226 Facebook und YouTube müssen natürlich europäische Gesetze einhalten. Aber sie können auch Inhalte entfernen, die rein gesetzlich erlaubt sind – berühmt ist das Beispiel nackter Brustwarzen, die in vielen Fällen auf Facebook verboten sind. Das heißt: Diese Plattform haben eine große Gestaltungsmacht in ihrem eigenen Reich.

227 Zuckerman, Ethan: Cute Cats to the Rescue? Participatory Media and Political Expression, online unter: https://dspace.mit.edu/handle/1721.1/78899

228 Roose, Kevin: The Making of a YouTube Radical, online unter: https://www.nytimes.com/interactive/2019/06/08/technology/youtube-radical.html

229 Rechtsinformationssystem des Bund: ORF-Gesetz. Inkrafttretensdatum 01.10.2010, online unter: https://www.ris.bka.gv.at/Dokument.wxe?Abfrage=Bundesnormen&Dokumentnummer=NOR40119445

230 Bieber, Christoph: Die Internetintendanz, online unter: https://www.medienkorrespondenz.de/leitartikel/artikel/die-internetintendanz.html

231 Google: Google-Datenschutzerklärung , online unter: https://www.gstatic.com/policies/privacy/pdf/20190122/f3294e95/google_privacy_policy_de_eu.pdf

232 Greene, Diane: Incorporating Google's AI Principles into Google Cloud, online unter: https://www.blog.google/products/google-cloud/incorporating-googles-ai-principles-google-cloud/

233 Metzinger, Thomas: Ethik-Waschmaschinen made in Europe, online unter: https://background.tagesspiegel.de/ethik-waschmaschinen-made-in-europe

234 Wagner, Ben: Ethicsas an Escape from Regulation: From ethics-washing to ethics-shopping?, online unter: https://www.privacylab.at/wp-content/uploads/2018/07/Ben_Wagner_Ethics-as-an-Escape-from-Regulation_2018_BW9.pdf

235 Cadwalladr, Carole/Campbell, Duncan: Revealed: Facebook's global lobbying against data privacy laws, online unter: https://www.theguardian.com/technology/2019/mar/02/facebook-global-lobbying-campaign-against-data-privacy-laws-investment

236 Reddit: Science AMA Series: Stephen Hawking AMA Answers!, online unter: https://www.reddit.com/r/science/comments/3nyn5i/science_ama_series_stephen_hawking_ama_answers/

237 Delaney, a.a.O.

Alle angegebenen Webseiten wurden am 5. Juli 2019 zuletzt aufgerufen. Sämtliche Übersetzungen aus dem Englischen von Ingrid Brodnig.

Liebe Leserin, lieber Leser!
Hat Ihnen dieses Buch gefallen?
Wollen Sie weitere Informationen zum Thema?
Möchten Sie mit der Autorin in Kontakt treten?
Wir freuen uns auf Austausch und Anregung!

Christian Brandstätter Verlag GmbH & Co KG
Wickenburggasse 26
1080 Wien
E-Mail: leserbrief@brandstaetterverlag.com
Tel.: (0043) 1 5121543256

#uebermachtimnetz
#brodnig
#digitalezukunft
#digitalegerechtigkeit

Wir sagen Danke.
Bleiben wir in Verbindung!

1. Auflage

Designed in Austria, printed in the EU.

ISBN 978-3-7106-0366-2

Covergestaltung: Peter Manfredini
Satz: Burghard List
Lektorat: Teresa Profanter
Projektleitung Brandstätter Verlag: Ulli Steinwender